나도
로맨스가
필요해

나도
로맨스가
필요해

2014년 6월 25일 처음 펴냄
2015년 6월 16일 2쇄 찍음

지은이 세라 오리어리 버닝햄
옮긴이 한경희
펴낸이 신명철
편집장 장미희
편집 장원, 박세중
디자인 최희윤
펴낸곳 (주)우리교육
등록 제 313-2001-52호
주소 (121-841) 서울특별시 마포구 월드컵북로 43
전화 02-3142-6770
팩스 02-3142-6772
홈페이지 www.uriedu.co.kr
인쇄 천일문화사

ISBN 978-89-8040-954-9 43300

*이 책의 내용을 쓰고자 할 때는 저작권자와 출판사의 허락을 받아야 합니다.
*잘못된 책은 바꾸어 드립니다.
*책값은 뒤표지에 있습니다.

이 도서의 국립중앙도서관 출판시도서목록(CIP)는
e-CIP홈페이지(http://www.nl.go.kr/ecip)에서 이용하실 수 있습니다.
(CIP 제어번호:CIP2014018458)

10대 소녀를 위한 연애 사전

나도
로맨스가
필요해

세라 오리어리 버닝햄 지음 | 한경희 옮김

BIOLOGY
MATING HABITS
PSYCHOLOGY
HUMAN BEHAVIOR

우리교육

멋진 소년의 세계에 온 걸 환영합니다.

소년.

가끔 여러분은 소년들에 관해서 모든 걸 파악했다 싶을 것이다. 그런데 졸업 파티가 끝나면, 여러분은 다시 남자친구와 서바이벌 게임을 할 것이고, 그렇게 또 원점으로 돌아오게 된다. 도대체 어떻게 된 걸까?

사실, 소년들도 여러분만큼이나 아무것도 모른다. 남자애들이 자신이 잘하고 있다고 생각할 수도 있다. 적어도 졸업 파티 계획을 짰으니까. 그렇지 않은가? 그렇지만 여러분이 남자를 이해하기 위해 도움이 조금 필요한 것처럼, 남자애들도 여자들의 세계를 이해하는 데 몇 가지 실마리가 필요할 것이다.

로미오와 줄리엣을 아는가? 모른다고? 설마…….

수백 년 전에 죽은 사람이기는 해도, 셰익스피어는 남녀 관계를 그 누구보다 잘 이해하고 있었다. 이야기는 이렇다. 로미오는 한 파티에서 줄리엣을 보았고 그녀가 섹시하다고 생각했지만, 직접 데이트를 신청하기가 너무 겁나서 친구를 보내 그녀에 대해 알아 오게 한다. 줄리엣에 대한 정보를 얻은 로미오는 줄리엣을 찾아가고, 두 사람은 눈이 맞는다. 그리고 두 사람의 관계는 점점 뜨거워진다.

만약 《로미오와 줄리엣》을 미처 못 읽었다면, 클레어 데인스 Claire Danes와 리어나도 디카프리오Leonardo Dicaprio가 주연한 영화를 봐도 좋다. 좋은 아이디어를 얻게 될 것이다. 게다가 두 사람은 정말 귀여운 한 쌍이다. 복고풍의 사운드트랙도 아주 멋지다.

《로미오와 줄리엣》의 인기가 그렇게 오래가는 것은 놀라운 일이 아니다. 연애하면서 실수를 저지르지 않을 사람이 누가 있겠는가? (그래도 줄리엣이 죽은 것처럼 보이는 약을 먹고, 그녀를 잃었다고 생각한 로미오가 자살하는 건 너무 심했다.) 만약 로미오와 줄리엣이 서로 조금만 더 대화를 잘 나누었어도 두 사람은 영원히 행복하게 잘 살았을 텐데! 의사소통 문제는 결코 새로운 문제가 아니다. 수세기 동안 남자와 여자는 서로 관계 맺는 일에 어려움을 겪어 왔다.

그 이유는 쉽게 알 수 있다. 여러분은 그 남자애가 무슨 생각을 하고 왜 그런 행동을 하는지 등등 궁금한 게 수없이 많을 것이다. 그 애가 날 좋아할까? 그 애는 왜 성룡에 미쳐 있는 걸까? 그저 친구가 되고 싶을 뿐이라는 말은 도대체 무슨 뜻일까? 도대체 왜 머리를 그렇게 덥수룩하게 하고 다니는 걸까? (충고 하나 하겠다. 남자애들의 머리 모양에 신경 쓰지 마라. 머리에 대해서라면 남자들은 꼭 삼손처럼 군다. 성서에 나온 이야기처럼, 머리카락이 잘리면 남성적인 힘을 잃으리라는 이상한 생각을 하는 것이다.)

이 책에서 나는 연애 전략을 분석하고, 데이트를 신청하는 방법들을 알려 주고, 남자애들과 탄탄한 우정을 쌓는 데 필요한 충고들을 하면서 남자라는 존재의 신비를 파헤쳐 볼 것이다. 여러분과 똑같은 십 대 소녀들과 소년들을 심층 분석하고 남자들의 서식지를 밀착 취재하는 것이다. 그렇다, 남자애들에게 자기 입장을 얘기할 수 있는 기회를 주는 것이다. 남자애들이 생각하는 사랑은 어떤 것인지, 그 놀라운 비밀이 드러나게 될 것이다. 여러분은 한때 십 대 소년이었던 내 남편의 충고도 듣게 될 것이다. 바로 '내 남편의 한마디' 코너를 통해서, 남자들의 모든 작업 기술을 알아보고 여러분의 남자친구가 과연 여러분을 얻을 만한 자격이 있는지 따져 보도록 해라. (그것은 존중과 관련이 아주 많다.) 이 책을 다 읽을 때쯤이면 여러분은 남자의 모든 것을 알게 될 것이고 스스로 자신의 남녀 관계를 연구할 준비가 되어 있을 것이다.

그렇지만 남자의 본질을 파헤치기 전에 여러분이 꼭 알아 둬야 할 굉장히 중요한 사실이 하나 있다. 바로 자신감을 얻기 위해서 꼭 남자친구가 필요하지는 않다는 것이다! 자 나를 따라해 봐라. "나는 남자친구가 필요 없다."

내가 이런 이야기를 하는 이유는, 고등학생 시절 데이트 없이 보냈던 여름의 기억 때문이다. 그때 내 친구들은 모두 남자친구가 있었고, 나는 내가 뭔가 놓치고 있는 게 아닐까 정말 걱정스러웠다. 친구들은 모두 나보다 즐겁게 지내고 있지 않을까? 내게는 없는 것을 그 애들은 갖고 있는 걸까? 내게 뭔가 문제가 있는 걸까?

그런데 한마디로, "아니"였다. 나는 그해 여름을 남자친구가 있는 다른 친구들보다도 즐겁게 보냈다. 내 절친이 캘리포니아에서 남자친구를 그리워하면서 여름방학을 보내고 있을 때 나는 버진아일랜드에서 가족과 함께 휴가 여행을 만끽했다. 모래밭을 거닐거나 진짜 살아 있는 바다거북과 함께 수영하는 것보다 나를 더 재미있게 해 줄 남자친구는 없을 것이다. 또한 나는 집에서 남자친구를 그리워하면서 시간을 허비하지 않았다.

그때 이후로도, 나는 남자친구나 특별히 데이트하는 사람 없이 지내던 때가 많이 있었지만, 그런 시간들은 내 생애 최고의 순간들이었다. 나는 전 세계를 돌아다니며 여행하고, 다양한 직업들을 시도해 봤다. 나는 대학 때 싱글이었던 시간들을 사랑했다. 남자친구가 있으면 멋지겠지만, 행복해지기 위해서라거나 즐거운 시간을 보내기 위해서 꼭 누군가가 필요한 것은 아니다. 내가 고등학교 2학년 여름방학 전에 그 사실을 알았더라면, 밤마다 집에서 내가 보잘것없는 존재가 된 것처럼 느끼지 않았을 텐데 말이다.

그러니까 아직 이상형 남자를 만나지 못했다고 불안해하지 마라. 여러분 앞에는 굉장한 인생이 기다리고 있다. 이 책을 읽으면서 여러분은 소년, 남자에 대한 최고의 교육을 받을 것이다. 그렇게 교육을 받은 여러분은 이상형이 나타났을 때 (아니면 눈앞의 이상형 앞에서), 완벽하게 준비되어 있을 것이다!

즐겁게 읽으시기를!

세라

차례

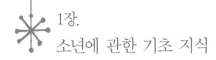

1장.
소년에 관한 기초 지식

남자와 데이트하고 남자친구를 사귀기 전에 우선 남자들의 기본적인 사고방식을 이해할 필요가 있다. 그러기 위해서는 질문을 제대로 던져야 한다.

이 책을 쓰기 위해 인터뷰한 소녀들에게 남자들에 관해 일반적으로 알고 싶은 게 뭐냐고 물었더니, 정말 중요한 질문들이 나왔다. 그래서 그 가운데 몇몇 질문과 대답을 있는 그대로 실었다. 자, 모든 소녀가 알아야 할, 남자의 핵심들이다.

질문 남자는 모두 손을 안 씻는 걸까, 아니면 내 남동생만 그런 걸까? _바일, 14세

대답 우리도 보통은 손을 씻는다. 아주 급할 때만 빼고. 우리는 여자와 다르다. 우리는 서서 오줌을 눈다. _마르코, 17세

질문 왜 남자애들은 친구들과 함께 있을 때면 여자를 다르게 대할까? _케일리, 18세

대답 남자들은 낯간지러운 짓을 하는 걸 좋아하지 않는다. 친구들

앞에서는 특히 그렇다. 그런데 여자애들은 늘 안아 주고 뽀뽀
해 주지 않으면 화를 낸다. _랜던, 16세

질문 남자끼리만 있으면 무슨 얘기를 할까? _애나, 16세
대답 대부분은 스포츠 얘기야. 가끔 여자 얘기도 하지만 대부분은
스포츠 얘기를 한다. _피터, 15세

질문 왜 남자들은 여자 앞에서 울지 않으려고 하지? _시드니, 16세
대답 우리는 남자 앞에서 우는 것도 좋아하지 않는다. 그 누구 앞
에서든 울지 않는다. _케빈, 16세

질문 정말 남자에게는 여자의 성격보다 외모가 더 중요할까?
_린지, 15세
대답 멋진 성격은 외모보다 더 중요하지만, 어차피 성격이 맘에 들
면 외모도 더 매력적으로 보일 거라고 생각한다. _앨런, 16세

질문 왜 남자애들은 무슨 생각을 하는지 여자에게 말하기 싫어하
는 걸까? 남자애들은 고작 이렇게 대답한다. "아무것도 아냐."
아니면 "음, 어어." _재키, 16세
대답 가장 최근에 사귀었던 여자친구는 10분마다 무슨 생각을 하
느냐고 묻고는 했다. 대부분은 그냥 아무 생각도 하지 않고

있었는데 여자친구는 내 말을 믿지 않았다. 그래서 여자친구
가 그만 물어보게 하기 위해서 이야기를 지어내야만 했다.

_랜스, 17세

남자들의 솔직한 이야기

말은 값싸지 않다

"우리는 여자애들의 생각을 읽을 수도 없고, 여자애들의 말을
해석할 능력도 없다. 그러니 진심을 있는 그대로 말해 우리를
이 수렁에서 구해 줬으면 좋겠다."_마이크, 16세

"여자들은 남자가 강하다고 생각하지만, 사실은 남자도 여자
때문에 마음 깊이 상처받을 수 있다. 그러니까 여자들도 말을
조심할 필요가 있다."_윈스턴, 16세

유명인의 말

"남자들은 마음에 드는 여자에게 말을 걸지 않는다. 만약 어떤 남자
가 당신에게 말을 건다면, 그것은 '나는 네 친구가 마음에 들어!'라
는 뜻이다. 남자는 정말 이상한 종족이다."_에마 로버츠, 배우

"남자들은 나를 절망하게 만든다. 나는 남자들의 간접적인 메시지들
이 싫다. 나는 게임하는 게 싫다. 나를 좋아한다는 건가, 아니라는 건
가? 그냥 좀 말해 달라. 너를 정리할 수 있게."_커스틴 던스트, 배우

"남자들은 모두 이상하다. 단 한 명도 빠짐없이 모조리 이상하다."

_메이 윌리엄스, 배우

"모든 동물 중에, 남자가 가장 다루기 힘든 동물이다."

_플라톤, 그리스 철학자(아마 최고로 유명할걸!)

15

일반적으로 남자는······

과학자들이 현대 남성의 모델을 만든다면, 몇 가지 공통된 특징들을 꼭 포함시켜야 할 것이다. 어떤 유형이든 거의 모든 남자는 다음과 같은 나쁜 습관이 있다.

- 고개 까딱하기. (그냥 보통 사람처럼 "안녕"이라고 말할 수는 없는 걸까?)
- 방귀 뀌기.
- 트림하기.
- 땀범벅인 상태로 여자 끌어안기. (왜 남자들은 난폭한 풋볼 게임이 끝나자마자 여자가 자기를 안고 싶어 할 거라고 생각할까?)

이런 습관들은 꽤 불쾌하기는 하지만 그래도 보통은 해결할 수 있는 문제들이다. (막 운동하고 온 땀범벅인 남자애들 가까이에 가지 마라.) 여러분이 정말 신경 써야 할 것은 남녀의 차이다. 그 가운데 가장 큰 차이점 일곱 가지를 알려 줄 테니 잘 기억해 둬라.

(주의: 이 일반화 범주 어디에도 맞지 않는 남자도 더러 있다. 그렇지만 이 특징들이 모두 들어맞지는 않는다 해도, 적어도 한 가지는 맞는 게 있을 것이다.)

1. 남자는 쇼핑을 싫어한다

새로운 야구 글러브나 닌텐도 게임기를 사는 일이 아니라면 남자들은 대부분 가게에 들어서자마자 좀비처럼 변해 버린다. 멍한 표정으로 하릴없이 걸을 뿐이다. 그 이유는 물건들에 완전히 압도당해서 어찌할 바를 모르기 때문이다. 아니면 이번 시즌 유행이 뭔지 관심이 없기 때문일 수도 있다. 그러니 사랑하는 남자친구랑 같이 있을 때는 쇼핑은 참는 게 좋다.

나는 쇼핑이 재미있는 데이트가 될 거라고 생각하는 여자들과 사귀어 봤다. 그린데 그렇지 않다. 얼마든지 반복해서 말해 줄 수 있다. 그렇지 않다! 쇼핑은 운전을 가르치는 일과 같다. 그것 역시 지상 최악의 데이트라고 할 수 있을 것이다. 남자친구에게 운전을 배우면 재미있을 거라고 생각하는 여자도 있겠지만, 남자의 머릿속에는 오로지 클러치 타는 냄새와 차가 너무 흔들거려 금방이라도 토할 것 같은 느낌뿐일 것이다.

2. 남자는 자기 친구 문제에 아주 방어적이다

남자친구의 친구가 완전히 펑크족 같더라도 그 친구가 여러분에게 뭔가 나쁜 짓을 하지 않는 한 그냥 내버려 둬라. 남자친구는 여러분이 자기 친구들을 싫어한다는 말을 듣고 싶어 하지 않는다. 그것은 남자친구의 가족을 비난하는 것과 같다. (이것도 절대 해서는 안 될 일이다.)

3. 남자는 여자의 결점을 모두 알아채지는 못한다

엉덩이가 너무 크다고? 팔뚝이 너무 굵다고? 그건 모두 여러분의 머릿속에만 있는 생각이다! 정말, 그렇다. 걸을 때마다 허벅지가 부대낀다고 스스로 내뱉지 않는 한, 여러분의 남자친구는 그것을 알아채지도 못할뿐더러, 신경 쓰지도 않는다. 그런 건 잊어버려라!

여러분 자신에 대해 좀 더 자신감을 가져라. 자신감이야말로 남자들의 눈길을 잡아끈다. 끊임없이 안심시켜 줘야 하는 사람과 함께 있는 것보다 자기 자신에게 만족하는 사람과 함께 있는 것이 즐거운 법이다.

4. 남자는 경쟁적이다

남자는 핏속에 테스토스테론이 끓어오르기 때문에, 스포츠뿐만 아니라 거의 모든 일에 경쟁적이다. 물론 그게 꼭 나쁜 것은 아니다. 약간의 경쟁은 그 누구도 다치게 하지 않는다. 가끔은 정말 재미를 더해 주기도 한다. 다만 남자친구가 여러분에게 너무 경쟁심을 느끼는 것은 안 된다. 남자친구가 시험에서 만점을 받았거나 하키 경기에서 상대를 때려눕혔을 때 여러분이 행복해하는 것처럼, 남자친구도 여러분의 성공을 기뻐해야 한다.

5. 남자도 여러분과 마찬가지로 아무것도 모른다

다 아는 듯 웃고 있지만 사실 여러분의 남자친구도 다음에 무슨 말을 할까 머리를 쥐어짜고, 여러분이 정말 자기를 좋아하는지 궁금해한다. 그러니까 남자친구가 부끄러워하거나 좀 바보같이 굴면, 살살 다뤄 줘라. 남자친구도 여러분과 마찬가지로 남녀 관계가 낯서니까.

6. 거만한 남자는 남을 너무 의식하는 것뿐이다

불행하게도, 남자는 쿨하게 행동하면 그렇게 보일 거라고 믿게끔
진화되었다. 남자친구가 거만하다면, 사실은 불안감을 감추고 있는
지도 모른다는 사실을 기억해라. 어쩌면 여러분도 조금은 공감할지
모른다. (가끔 불안하지 않을 사람이 누가 있겠는가?) 그렇지만 자신
감 부족이 얼간이 짓에 대한 변명이 될 수는 없다. 남자의 지나치
게 자신감이 넘치는 행동에 휘둘리지 마라. 대부분은 그저 연기일
뿐이다.

7. 남자는 성형한 얼굴을 좋아하지 않는다

주위에 물어봐라. 남자들 대부분은 짙게 화장한 얼굴보다 자연
스러운 얼굴을 더 좋아하고 노출이 심한 드레스보다 청바지에 티
셔츠를 입은 모습을 더 좋아한다는 사실을 알게 될 것이다. (그렇
다고 댄스 파티에서 쫙 빼입은 여러분의 모습에 남자들이 침을 흘리

지 않는다는 뜻은 아니다.) 그러니까 여러분의 자연스러운 아름다움이 빛을 발하게 하라!

남자들이 정말 귀엽게 생각하는 것

물론, 남자들은 귀여운 여자를 좋아한다. 그렇지만 귀여움의 정의는 남자마다 다르다. "내가 X 타입의 여자라면 남자들이 나를 더 좋아할 거야."라는 생각은 절대 하지 마라. 여러분이 자신감 넘치고 똑똑하다면, 하루 종일 얼마나 많이 먹었는지나 얘기하는 여자보다 훨씬 더 매력적으로 보일 것이다. 내가 아는 남자는 모두 제대로 된 대화를 나눌 수 있는 여자를 좋아한다. 만약 스스로 정말 모른다 해도, 남자에게 내가 뚱뚱해 보이냐고 묻는 것은 제대로 된 대화를 이어 가는 방법이 아니다. 남자들은 그런 걸 싫어한다.

남자들의 솔직한 이야기

강한 남자 되기

"남자들은 자기가 강한 남자라고 느끼는 것을 좋아한다.
그게 고정관념이라는 건 알지만, 사실이 그렇다."_제스, 17세

"수영복을 입었을 때 불안감을 느끼는 건 여자들만이 아니다.
남자들은 빈 디젤*처럼 보여야 한다는 부담감을 느낀다."_게이브, 18세

자연스럽게 하기(여자들에게 바람!)

"나는 여자들이 눈을 온통 시커멓게 화장하는 게 싫다.
꼭 한 대 얻어맞은 사람처럼 보인다."_더스틴, 15세

"나는 유행에 민감한 여자,
자신의 본모습보다 멋 부린 겉모습에 더 신경 쓰는 여자를 좋아하지 않는다.
마치 그 자신이 옷의 일부가 되어 버린 것 같다."_그렉, 18세

"나는 한때 외모만 보고 여자친구를 사귄 적이 있었다.
그때 외모는 속임수에 불과하다는 사실을 깨달았다.
이제는 성격이 좋은 여자들을 찾는다.
나는 함께 있는 게 괴롭지 않은 여자를 원한다."_롭, 17세

"내 여자친구는 정말 굉장하다.
함께 농구를 해서 온통 땀투성이일 때도 예쁘다.
그런데 내 여자친구는 자기가 전혀 예쁘지 않다고 생각한다."_닉, 17세

"화장은 덜 하고 옷은 더 껴입어라. 그렇다고 내 말을 오해하지 말아 달라.
나는 가슴골이 파인 여자가 좋지만,
뭔가 상상할 여지를 남겨 두는 게 좋다."_브라이언, 17세

*빈 디젤Vin Diesel: 미국의 배우. 근육질 몸매로 유명하다.

여자와 남자는 정말 그렇게 다를까?

때에 따라 다르다. 어떨 때는 남자친구와 똑같은 주파수를 가진 것처럼 느껴질 때도 있고 어떨 때는 남자친구가 완전히 다른 종처럼 보이기도 할 것이다. 그렇지만 남자친구가 폴 아웃 보이Fall Out Boy(미국의 록 밴드) 같은 밴드를 좋아한다고 해서 여러분과 남자친구 사이에 생물학적 차이가 있다는 뜻은 아니다. 아니면, 정말 그럴까? 남자친구가 당황스러운 행동을 보일 때 머릿속에 꼭 기억해 두어야 할 몇 가지를 뽑아 봤다. (완전히 계몽적인 것들로) 어쩌면 이 가운데 몇몇 기이한 행동들은 생물학적 차이 탓인지도 모르겠다.

- 신경학자 루안 브리젠딘은 《여자의 뇌, 여자의 발견》이라는 책에서 여자는 하루에 2만 단어를, 남자는 7천 단어를 쓴다고 했다.

- 2007년 갤럽 여론조사에 따르면 낯선 사람한테 말을 거는 횟수가 남자가 여자보다 더 많다고 한다.

- 세계보건기구 보고서에 따르면 교통사고를 일으킬 확률이 남자가 여자보다 2.7배 더 많다고 한다.

- 또 세계보건기구 보고서에 따르면 눈이 멀 확률이 여자가 78퍼센트 더 높다고 한다.

- 브라운 대학 연구 보고서에 따르면 남자 몸이 여자 몸보다 수분이 더 많다고 한다. 평균적으로 남자는 몸의 61퍼센트가 수분인 데 반해 여자는 몸의 52퍼센트가 수분이라고 한다!

- 평균적으로 남자가 여자보다 12.7센티미터 더 크다!

- 영국 회사 스팸포Spamfo가 스팸(통조림 말고 스팸 메일)에 관해 연구한 결과, 남자들이 쓰는 컴퓨터가 컴퓨터 바이러스에 감염될 확률이 여자들이 쓰는 컴퓨터보다 21퍼센트 더 높다고 한다.

미스터 프레지던트

고뇌하는 예술가

메트로섹슈얼

힙합맨

남자 유형
선별기

자신이 원하는 유형을
찾아가라

마마보이

테크노맨

서핑광

스포츠맨

2장
여러분의 남자친구는 어떤 유형일까?

고정관념 때문에 당황하지 않도록 하는 말인데 여기에 있는 남자 유형은 그저 남자에 관한 감을 잡을 수 있게 도와주고, 여러분에게 맞는 남자 유형을 찾는 데 도움을 주기 위한 일반적인 분류일 뿐이다. 일반적인 남자들에 관해 알면 한 남자를 이해하는 것도 더 쉬워지는 법이다.

남자들을 한자리에 불러 모아 보자!

고뇌하는 예술가

닮은 유명인 존 메이어John Mayer

10년 뒤 그의 모습 사회에 예술적으로 공헌하
　　여 상을 받는다.

졸업 후 그를 발견할 수 있는 곳 스튜디오

컬러링 엘리엇 스미스Elliott Smith의 노래

기억하는 영화 〈이터널 선샤인〉

그의 아이팟에 들어 있을 노래 여러분이 들어 본 적 없는 인디 음악

꿈꾸는 자동차 이 멋진 남자는 꿈꾸는 자동차가 없다. 이런 남자는 빈
    티지 스쿠터를 더 좋아한다.

데이트 복장 어두운 색 청바지, 검은 티셔츠 차림에 스니커즈

이것 없이는 절대 집 밖으로 나가지 않는다 작은 노트. 언제 천재의 영감이
    번뜩일지 누가 알겠는가.

그가 생각하는 최고의 데이트 예술 영화를 함께 보고 커피숍에서 얘기
    나누기.

존경하는 인물 스탠리 큐브릭Stanley Kubrick

스포츠맨

닮은 유명인 르브론 제임스LeBron James(미국 NBA
    농구 선수)

10년 뒤 그의 모습 사무실 근처에서 다른 친구들
    과 판타지 스포츠(스포츠 토토, 로또와 같
    은 게임 복권-옮긴이)를 한다.

졸업 후 그를 발견할 수 있는 곳 운동장이나 경기장

컬러링 레니 크라비츠Lenny Kravitz의 노래

기억하는 영화 〈후지어Hoosiers〉

그의 아이팟에 들어 있을 노래 밴 헤일런Van Halen이나 저니Journey의 신
    나는 노래들

꿈꾸는 자동차 남성적인 커다란 SUV

데이트 복장 챔피언십 반지

이것 없이는 절대 집 밖으로 나가지 않는 것 행운의 야구 모자

그가 생각하는 최고의 데이트 슈퍼볼 관람

존경하는 인물 페이턴 매닝Peyton Manning(미국의 미식축구 선수)

메트로섹슈얼

닮은 유명인 올랜도 블룸Orlando Bloom(영

국의 배우)

10년 뒤 그의 모습 그래픽 디자이너

졸업 후 그를 발견할 수 있는 곳 쇼핑센터

(이 유형은 쇼핑 얘기를 나눌 수 있

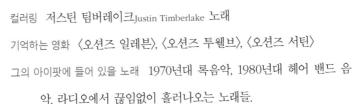

는 최고의 남자다.)

컬러링 저스틴 팀버레이크Justin Timberlake 노래

기억하는 영화 〈오션즈 일레븐〉, 〈오션즈 투웰브〉, 〈오션즈 서틴〉

그의 아이팟에 들어 있을 노래 1970년대 록음악, 1980년대 헤어 밴드 음

악, 라디오에서 끊임없이 흘러나오는 노래들.

꿈꾸는 자동차 폭스바겐 제타

데이트 복장 청바지와 디자이너 로고 티셔츠

이것 없이는 절대 집 밖으로 나가지 않는다 헤어 젤

그가 생각하는 최고의 데이트 한창 인기 있는 새로 연 레스토랑에서 초

밥 먹기.

존경하는 인물 라이언 시크레스트Ryan Seacrest(미국의 텔레비전 및 라디오
진행자)

미스터 프레지던트

닮은 유명인 토비 맥과이어Tobey Maguire(《스파이더
맨》 주인공 배우)

10년 뒤 그의 모습 나라를 이끌거나, 아니면 적어
도 한 회사를 이끌어 가는 사람

졸업 후 그를 발견할 수 있는 곳 자원봉사 센터. 예
일 대학에 가기 위해 스펙을 쌓아야 한다.

컬러링 대통령 찬가(《Hail to the Chief》)

기억하는 영화 〈인디펜던트 데이〉

그의 아이팟에 들어 있을 노래 콜드플레이Coldplay의 노래

꿈꾸는 자동차 메르세데스 벤츠 S 클래스 세단

데이트 복장 남색 블레이저와 빨간색 넥타이

이것 없이는 절대 집 밖으로 나가지 않는다 거울을 보며 승리자의 미소
짓기.

그가 생각하는 최고의 데이트 고급 레스토랑에서 저녁 먹고 오페라 관람
하기.

존경하는 인물 존 F. 케네디

마마보이

닮은 유명인 저스틴 팀버레이크

10년 뒤 그의 모습 총각. 자기 엄마 같은 여자
    는 절대 발견하지 못할 테니까.

졸업 후 그를 발견할 수 있는 곳 집에서 오트밀
    쿠키를 먹고 있다. 그 누구도 엄마가 만
    든 오트밀 쿠키를 흉내 낼 수 없으니까.

컬러링 빌리 조엘Billy Joel 의 노래

기억하는 영화 〈타이타닉〉

그의 아이팟에 들어 있을 노래 소프트록 채널을 돌릴 때 나오는 노래들

꿈꾸는 자동차 볼보 해치백

데이트 복장 엄마가 생일 선물로 사 준 브이넥 스웨터

이것 없이는 절대 집 밖으로 나가지 않는다 핸드폰. 집에 전화해야 한다.

그가 생각하는 최고의 데이트 부모님과 복식 테니스 경기

존경하는 인물 자기 엄마 (쯧쯧)

서핑광

닮은 유명인 잭 에프런Zac Efron (미국의 배우)

10년 뒤 그의 모습 바닷가나 스키장 근처에 살
    고 있을 것이다.

졸업 후 그를 발견할 수 있는 곳 친구들과 스케이

트보드를 타고 있을 것이다.

컬러링 팬텀 플래닛Phantom Planet(미국의 록밴드)의 〈캘리포니아〉

기억하는 영화 〈올드스쿨〉

그의 아이팟에 들어 있을 노래 밥 말리의 노래

꿈꾸는 자동차 지프 랭글러

데이트 복장 반바지, 폴로 셔츠, 플립 플롭

이것 없이는 절대 집 밖으로 나가지 않는다 선글라스

그가 생각하는 최고의 데이트 바닷가에서 모닥불 피우기, 한밤중에 바다
　　에서 수영하기.

존경하는 인물 켈리 슬레이터Kelly Slater(미국의 서퍼). 바닷가에서 즐기던
　　일을 직업으로 발전시킨 사람.

테크노맨

닮은 유명인 마이클 세라Michael Cera(캐나다 출신
　　영화배우)

10년 뒤 그의 모습 새로운 컴퓨터 브랜드를 만들
　　어 유명해진다.

졸업 후 그를 발견할 수 있는 곳 집에서 컴퓨터와 씨
　　름하고 있다.

컬러링 라디오헤드Radiohead 노래

기억하는 영화 〈몬티 파이튼의 성배〉

그의 아이팟에 들어 있을 노래 인터넷에서 발견한 영국 밴드 우버테크노

        Uber-techno 노래

꿈꾸는 자동차 하이브리드 자동차

데이트 복장 테니스화와 버튼업 칼라 셔츠

이것 없이는 절대 집 밖으로 나가지 않는다 아이폰. 중요한 이메일을 놓칠까

        두려운가 보다.

그가 생각하는 최고의 데이트 코믹콘(미국의 만화 축제-옮긴이)

그가 존경하는 인물 스티브 잡스

힙합맨

닮은 유명인 루페 피아스코Lupe Fiasco(미국의

        랩 가수)

10년 뒤 그의 모습 음반 회사 운영

졸업 후 그를 발견할 수 있는 곳 친구들과 농구하

        고 있을 거다.

컬러링 나스NAS의 최신 히트곡

기억하는 영화 〈허슬 앤 플로우〉

그의 아이팟에 들어 있을 노래 당연히 랩과 힙합

꿈꾸는 자동차 GMC 데날리

데이트 복장 자잘한 액세서리

이것 없이는 절대 집 밖으로 나가지 않는다 헤드폰

그가 생각하는 최고의 데이트 함께 프로 농구 경기를 앞줄에서 관람하기.

존경하는 인물 카니예 웨스트Kanye West(미국의 랩 가수)

여자들 이야기
눈은 영혼의 창

"내가 꿈꾸는 이상형은 오로지 나만
바라보는 사람이다!" _제시카, 18세

유명인의 말

"나는 정말, 정말 까다롭다. 내 이상형은 함께 얘기를 나눌 이야깃거
리를 갖고 있는 사람이다. 얼간이 같은 남자나 자기애에 빠진 남자만
큼 매력 없는 남자는 없다." _어맨다 바인스, 배우

"나는 누구에게나 내 데이트 상대가 될 수 있는 똑같은 기회를 준다.
…… 나는 특별히 좋아하는 유형이 따로 없다. 나는 아무나 만난다."
_맨디 무어Mandy Moore, 배우/가수

Maroon 5의 보컬 애덤 리바인은 자기가 마마보이라는 것을 자랑으로
여긴다!
"엄마와 관계가 좋은 남자들은 예의범절을 잘 안다는 거 아는지? 나
는 마마보이고, 그게 내가 매너가 좋은 이유다."

"나는 잘생긴 남자들을 싫어한다. 나는 하루 종일 운동하고 먹는 거
에 신경 쓰는 남자보다 배불뚝이가 더 좋다."
_알리 라터, 배우

"내가 남자에게 바라는 점은 딱 하나다. 재미있으면서 함께 대화를
나눌 수 있는 남자를 원한다." _켈리 클라크슨, 가수

34

어떤 유형의 남자가 여러분에게 가장 잘 맞을까?

가장 먼저, 여러분이 연애에서 가장 원하는 것이 무엇인지 생각해 봐라. 그런 다음 그것을 바탕으로 여러분에게 가장 맞는 남자 유형에 관한 정보들을 읽어라. 여러 "유형"의 남자가 좋더라도 걱정하지 마라. 직접 겪으면서 시행착오를 통해 자기에게 정말 맞는 사람을 알아 가면 된다!

여러분이 원하는 것이……

로맨스라면

고뇌하는 예술가형을 찾아라. 바로 여러분에게 시를 지어 주고, 여러분이 아쉬워하던 별빛 아래 산책을 함께해 줄 남자다. 게다가 이 남자는 지적인 섹시함과 괴짜 같은 귀여움을 모두 갖췄기 때문에 "내가 그대를 얼마나 사랑하는지……."를 되뇔 때 그의 눈을 바라보는 것도 전혀 어려울 거 없다.

활동과 모험이라면

힘이 넘치는 스포츠맨이 딱이다. 이런 유형은 운동 능력이 뛰어나서 극한까지 가 보는 것을 즐긴다. 이런 귀여운 남자와 함께 있으면 단 한순간도 지루하지 않다!

세련됨과 패션 감각이라면

바로 메트로섹슈얼 유형이 여러분에게 맞는 남자다. 이 유형은 문화적 교양과 세련미를 겸비한 남자다. 이런 유형의 남자는 새로 생긴 멋진 레스토랑과 재미있는 행사들을 유행하기 전부터 이미 모두 꿰고 있다.

성공과 올 A 성적이라면

여러분은 미스터 프레지던트에게 매력을 느낄 것이다. 바로 장래에 중요한 비즈니스맨이나 정치인이 될 사람이다. 이런 유형의 남자는 등장과 함께 여러분의 눈길을 확 끌고 특히 매력적으로 보일 것이다. 그렇지만 여러분이 그 남자의 "상장" 가운데 하나가 되지 않도록 조심해라. 여러분도 가진 게 아주 많은 사람이니까!

기사도라면

마마보이가 여러분에게 맞는 남자다. 마마보이야말로 여자를 배려할 줄 아는 남자다. 이 유형의 남자가 자기 엄마에게 얼마나 공손한지 보라. 이 남자야말로 차 문을 열어 주고 식사할 때 의자를 당겨 줄 남자라는 것을 알게 될 것이다.

느긋함이라면

서핑광과 함께 일몰을 바라봐라. 이 유형의 남자는 태평함의 정

수를 보여 준다. 이런 남자의 느긋한 태도는 상대방의 말을 경청할
수 있는 완벽한 조건이므로 여러분이 편하게 마음을 열 기분을 만
들어 준다.

첨단 기술이라면

테크노맨을 찾아라. 이런 유형의 남자는 완전 똑똑하다. 가끔
은 혼자 즐기기 아까울 정도로 정말 똑똑하다. 이런 유형의 남자
는 패션 감각은 그다지 세련되지 않을 수도 있지만, 아는 게 아주
많기 때문에 절대 이야깃거리가 떨어지는 법이 없다. 엘리베이터에
갇혔을 때 함께 있고 싶을 남자다. 이 유형의 남자는 합리적이며
절대 지루하지 않다!

나쁜 남자라면

힙합맨이 딱이다. 힙합맨이야말로 최고로 나쁜 남자다. 그렇지만
마음 깊숙한 곳에서는 다정한 남자다. 다만 이 남자가 자기가 사랑
하는 힙합에 나오는 마초 같은 가사대로 여러분에게 나쁘게 대하
지 못하게 해라.

인터뷰에 응해 주었던 아주 멋진 소녀 애슐리는 일기에 "내 다
음 남자친구는⋯⋯"이라는 제목의 목록을 갖고 있었다. 이것은 계
속 바뀌는 미완성 목록이다. 나는 고등학교 시절에 이런 목록을

만들어 보지는 못했지만 멋진 대화를 나눌 수 있는 남자, 옛날 록 음악을 듣는 남자, 말랐지만 몸이 다부진 남자를 원한다는 것을 알고 있었다. 나는 결국 대학에서 그런 남자를 찾았다. 그리고 그만큼 기다릴 만한 가치가 있었다.

애슐리처럼 꿈을 크게 꾸는 것을 두려워하지 마라. 그리고 여러분이 원하는 남자친구 목록을 직접 만들어 봐라. 그렇지만 그것은 끊임없이 변한다는 것을 기억해라. 보라색 아이스크림보다 빨간색 아이스크림을 더 좋아한다는 이유로 남자를 차지 마라. 결국 극과 극은 서로 통하게 되어 있다.

여러분만의 목록을 만드는 데 도움이 될 몇 가지 아이디어를 알려 주겠다. 일기나 블로그에 적어 봐라. 그런 다음 여러분이 원하는 남성상에 맞게 새로운 목록을 추가하거나 조정해라. 그리고 데이트 상대가 자신의 이상형에 맞는지 확인해 볼 수 있게 이 목록을 쉽게 손 닿는 곳에 둬라!

내 다음 남자친구는……

1. ~ 생긴 사람
2. ~ 데이트를 하는 사람
3. 나의 ~ 점을 최고의 장점으로 여기는 사람
4. ~가 멋진 사람
5. 여가 시간에 ~하는 것을 좋아하는 사람
6. ~ 자질을 지닌 사람
7. 아이팟에 ~ 음악을 가지고 있는 사람
8. ~ 책을 읽는 사람
9. ~하는 법을 아는 사람
10. 나의 ~ 점을 좋아하는 사람

심화 학습
나만의 이상형 만들기

여러분의 남자친구가 이 유형 가운데 그 어디에도 속하지 않거나, 몇 가지 유형이 섞인 사람인가? 그렇다면 여러분은 새로운 유형의 남자, 아니면 복합형을 발견한 것이다!

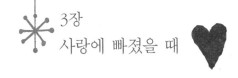

3장
사랑에 빠졌을 때

드디어 백만분의 일의 남자를 만났다. 스마트하고, 섹시한 남자. 화학 수업을 같이 듣는 그 애가 고개를 돌려 눈이 마주칠 때마다 심장이 멈추고 숨이 멎는다. 바로 내 남자다. 그 애가 아직 그 사실을 모를 뿐이다.

동물의 왕국에서 구애는 어떨 때는 그야말로 문자 그대로 하나의 복잡한 춤이다. 오색앵무 수컷(정말 형형색색 오색찬란하다.)은 구애할 때, 영화 〈토요일 밤의 열기〉에 나오는 춤과 비슷한 스텝으로 구애한다. 여자친구로 삼고 싶은 암컷을 발견하자마자 춤을 추기 시작하는데, 암컷은 그 수컷이 마음에 들면 수컷의 입을 비비고, 수컷이 자기 깃털을 쓰다듬게 해 준다. 만약 수컷이 마음에 들지 않으면 암컷은 그냥 제 갈 길을 가고 수컷은 다른 암컷을 찾아나선다.

인간도 마찬가지다. 마음에 드는 상대의 주위에서 춤추고, 마음을 연다. 그렇지만 다 열지는 않고 조금만 연다. 그러면서 다른 새들도 살피는 것이다. 만약 상대도 여러분에게 관심이 있다면 여러분이 자기 깃털을 어루만지도록 가만 놔둘 것이다. 그게 아니라면 여러분은 적어도 상대가 관심이 없는 걸 알고 다른 파트너, 더 나은 댄스 파트너를 찾아 나설 수 있다.

구애 시작

새들의 짝짓기 춤이 여러분의 이상형에게도 똑같이 효과가 있는 것은 아니다. 그렇기에 여러분의 구애에 날개를 달아 줄 방법들을 알아 둘 필요가 있다. 뭐든 다 그렇듯 더 나은 방법과 그렇지 못한 방법이 있는 법이다. 여러분의 "춤"을 완벽하게 만들어 줄 좋은 방법과 나쁜 방법 몇 가지를 알려 주겠다.

나쁜 방법 상대방을 빤히 쳐다보면서 눈을 맞추기.
좋은 방법 상대와 눈이 마주쳤을 때 평소보다 아주 조금만 더 오래
        눈길을 주다가 살짝 미소 짓기.

눈을 맞출 때 핵심은 가볍게 해야 한다는 것이다. 상대방을 너무 오래 빤히 쳐다보면 노려보는 것 같거나 스토커 같은 인상을

줄 것이다. 물론 둘 다 여러분이 원하지 않는 것들이다. 그저 잠깐
흘끗 보는 것(미소는 필수!)이야말로 말 한마디 없이 상대방을 유
혹하는 진정한 작업 방법이다.

•   •   •

나쁜 방법 상대방이 무슨 말만 하면 웃기.
좋은 방법 상대방이 재미있는 말을 했을 때만 웃어 주기.

좋아하는 남자가 무슨 말을 할 때마다 발작하듯 웃는 것은 진
실 되지 못한 인상을 줄 뿐이다. 가짜 웃음은 립글로스만큼이나
투명하다. 상대방은 그 웃음이 진심이 아니라는 걸 알 것이다. 그
보다는 상대방이 귀엽다고 느껴질 때나, 정말 재미있는 말을 했을
때만 웃어 주는 것이 진심이라는 느낌을, 아주 진실한 웃음이라는

느낌을 준다.

●　　　●　　　●

나쁜 방법 같이 있을 때 상대방에게 계속 매달려 있기.
좋은 방법 가끔씩 상대의 어깨에 몸이 스치게 하거나 팔을 살짝 건
　　　　　드리기. 상대방에게 관심이 있다는 것을 티 내고 싶다면
　　　　　그냥 살짝 건드리기만 하면 된다.

작업을 걸 때는 가벼운 신체 접촉이 오래가는 법이다. 여러분은
마음에 드는 남자에게 여러분의 관심을 드러내고 싶고 또 상대가
어떻게 생각하는지 알고 싶을 것이다. 하얀 이를 다 드러내며 환하
게 미소 지었을 때 상대도 웃어 주던가? 여러분이 뭐라고 속삭일
때 상대가 좀 더 가까이 다가오던가? 온몸을 상대의 몸에 밀착하
는 것은 좋은 작업 방식이 아니다. 상대가 질식된다면 그의 감정을
가늠할 수 없기 때문이다. 그보다는 쿨하게 행동하면서 장난기를
유지해라. 작업은 재미있어야 하는 거니까!

●　　　●　　　●

나쁜 방법 그 애가 입은 스웨터, 모자, 청바지, 신발, 양말 같은 모든
　　　　　소소한 것에 대해 칭찬하기. 무슨 말인지 알 거다.
좋은 방법 뭔가 특별한 일, 예를 들어 그 애가 새로 아이팟을 샀다거

나, 여러분이 좋아하는 초록색 옷을 입었다거나 할 때만 칭찬하기.

남자들은 사소한 일로 칭찬받는 것을 좋아한다. (누구는 안 그렇겠나?) 그렇지만 상대에게 강한 인상을 심어 주고 싶다면 그 칭찬이 진심이어야 한다. 남자의 사소한 모든 것에 호들갑을 떨며 칭찬해 대면 그를 떠받드는 것처럼 보일 수 있고, 상대를 완전히 질리게 만들 수 있다. 정말 마음에 드는 한두 가지에 초점을 맞춰라. 그 남자애에게 반해 있다면 한두 가지 장점을 찾는 것은 아무 일도 아닐 것이다!

물론, 지금까지 말한 것들은 가장 기본적인 것들이다. 여러분이 친구 이상의 관계를 원한다는 것을 그 애에게 보여 줄 확실한 방법 여섯 가지를 더 알려 주겠다.

1. 두 사람의 공통점을 찾아라

그 친구가 주로 체육관에서 시간을 보내고, 여러분은 요가광이라면 함께 운동을 해 봐라. 같은 공간에서 둘 다 좋아하는 일을 하는 것이야말로 서로 알아 갈 시간을 더 많이 얻는 방법이다.

2. 살짝 개인적인 질문을 던져 진지한 대화를 시작해 봐라

심리 치료사한테나 털어놓을 그런 얘기 말고, 그 애가 관심이 있는 것, 좋아하는 일에 대해 얘기하게 만드는 거다. "응"이나 "아니" 이상의 대답이 필요한 기본적인 질문을 던지는 거다. 예를 들어 "지난 주말에 뭐 했어?" 같은 질문이 대화를 여는 좋은 방법이다.

3. 필요한 것보다 조금만 더 가까이 그에게 다가서라

균형을 잃고 넘어질 정도로 가까이 다가가지 말고 여러분이 곁에 있다는 것을 느낄 만큼만 다가가라. 나를 믿어라. 그 애는 분명 알아챌 것이다!

4. 즉흥적인 일을 해 봐라 (미친 짓 말고)

눈이 온다고? 그럼 눈으로 천사를 만들어 보자고 해 봐라. 엄청 덥다고? 그럼 분수 사이를 뛰어 보는 건 어떤가? 남자는 여자가 뭔가 새롭고, 바보 같은 일들을 시도하는 것을 좋아한다.

5. 좋은 친구가 되어라

이야기 나눌 상대가 필요하거나 함께 공부할 사람이 필요할 때 곁에 있어 준다면 상대방을 진심으로 아낀다는 것을 보여 줄 수 있다. 그렇다고 여러분의 인생을 몽땅 바쳐서는 안 된다. 쓸모없는 사람처럼 늘 주위에 얼쩡거리는 존재가 되고 싶지는 않을 테니까.

6. 멋진 음악을 녹음해 줘라

여러분이 좋아하는 음악들을 그 애의 아이팟에 담아 주거나 시디로 만들어 줘라. DJ AM이 말한 것처럼, "좋아하는 남자에게 다가가는 최고의 방법은 함께 음악을 듣는 시간을 갖는 것이다."

내 남편의 한마디
도전 정신

나는 뭐든 도전해 보는 여자와 데이트하는 것을 좋아했다. 세라와 처음 데이트했을 때 하이킹을 했는데, 그때 나는 세라에게 폭포 아래에서 수영하자고 했다. 그 폭포수는 빙하가 녹은 물이었기 때문에 숨이 멎을 정도로 차가웠다. 폭포 주위에 사람들이 많이 있었지만 아무도 물속에 들어갈 엄두를 내지 못했다. 물속에 걸어 들어간 나는 물이 너무 차갑다는 걸 알아차리고 세라에게 꼭 물속에 들어갈 필요 없다고 말했다. 그럼에도 세라는 머리부터 다이빙했다. 그녀가 새삼 존경스러웠다. 내가 사귀었던 여자들 중에 그 물속에 뛰어들 배짱이 있는 여자는 또 없을 것이다.

자기 주도적으로 행동해라:
그 애에게 데이트 신청하는 방법

물리 수업을 같이 듣는 남자애에게 두 달 동안 작업을 걸었다면
더는 기다릴 수 없을 거다. 도대체 이 실험 파트너는 왜 남자답게
먼저 데이트를 신청하지 않는 걸까? 수줍음이 너무 많아 여자에게
전화를 걸어 금요일 저녁에 데이트하자고 말할 용기가 없는 남자들
도 더러 있다. (그에게는 그게 너무 어려운 일이다.) 그럴 때는 여러
분이 직접 나서야 할 수도 있다.

여자가 데이트 신청하는 것을 쿨하지 못하다고 생각하는 여자
들도 있지만, 우리가 사는 세상이 1900년대 초가 아니라는 것을
기억해라. 페미니스트 언니들이 여성의 권리를 위해 싸운 걸 헛되
게 만들지 말란 말이다! 그러니 여자가 데이트 신청하는 것을 심
하게 반대하지 않는다면, 숨을 깊게 들이쉬고 전화를 걸어라. 지금
한평생을 함께하겠냐고 물어보는 게 아니다. 그저 하룻저녁 데이

트 신청일 뿐이다. 상대에게 관심이 있다는 속내를 드러내기가 너무 부담스럽다면 친구들과 함께 만나자고 해라. 알다시피, 여럿이 함께 있으면 안전하다.

잡지 《틴Teen》이 아이돌 그룹 NLT(Not Like Them을 말함-옮긴이)의 JJ(저스틴 조지프Justin Joseph를 말함-옮긴이)에게, 여자가 데이트를 신청한다면 기분이 어떻겠냐고 물었더니 이렇게 대답했다. "완전 사랑스러울 것 같다. 그 여자가 나를 정말 좋아하고, 다른 사람들이 어떻게 생각하는지 따위는 신경 쓰지 않는다는 거니까." 얼마나 멋진 남자인가!

직접적으로 표현하지 않으면서 데이트 신청하는 방법

그 애가 좋고, 그 애도 여러분과 같은 마음인 것 같다면 어느 순간에는 누군가 작업을 시작해야 한다. 그 남자애와 데이트하고 싶어 죽겠다는 마음을 입 밖에 내지 않으면서 둘이 만날 수 있는 몇 가지 방법을 알려 주겠다.

l. 영화표를 산 다음, 다음 날 학교에 가서 그 애가 주변에 있을 때 가방에서 표를 꺼내라. 그러면서 제시카 알바가 출연한 최신 영화가 개봉했는데 꼭 보고 싶었던 영화라고 말해라. 어쩌면 그 애가 관심을 보이면서 같이 가자고 할지도 모른다.

2. 파티에 가려는데 그 애도 꼭 그 파티에 오게 만들고 싶다면, "파티에 가면 네가 왔나 찾아볼게."라는 간단한 문자만으로 모든 것을 표현할 수 있다.

3. 점심시간 전에 그 애와 부딪치면서 (그렇다, 말 그대로다.) 샌드위치를 사러 가는 길이라고 말해 봐라. 그러면서 같이 갈 사람이 있으면 좋겠다고 하는 거다. (어떤 남자가 먹는 걸 마다하겠나?)

상대가 미끼를 물지 않을 때

온갖 수를 다 써 봤는데도 마음이 전달되지 않은 것 같은가? 그렇다면 그 남자가 눈이 멀었거나(이 경우 여러분은 꾀꼬리 같은 목소리와 열정적인 화술에 의지해야 할지 모른다.) 아니면 더 가능성이 큰 것은 그 남자가 "그냥 여러분에게 관심이 없는" 거다. 너무하다 싶겠지만, 여러분에게 관심이 없는 남자에게 힘을 낭비하고 싶지는 않을 거다. 그러니 새로운 남자를 찾아봐야 할 때라는 것을 보여 주는 명백한 단서들을 몇 가지 알려 주겠다.

아주 기본적인 것에 바람을 맞힌다

전화해 주는 것을 잊거나, 이메일에 답장을 하지 않는다거나, 토요일 저녁 약속을 펑크 내거나, 대화에 건성이라면 여러분과 마음을 주고받는 데 아예 관심이 없다는 뜻일 수 있다.

"너는 정말 멋진 친구야"라고 말한다

여러분을 "친구"라고 자꾸 강조한다면 다음 단계로 넘어가고 싶지 않다는 말이다.

다른 여자와 시시덕거린다

여러분에게 상처를 주려는 뜻은 아니겠지만, 어쨌든 그 애의 마음이 딴 데 가 있다는 것을 확실하게 보여 주는 신호다.

그 여자의 이야기

"저는 그 애를 정말 좋아했고, 그 애도 저를 좋아한다고 생각했어요.
우리는 얘기도 많이 나눴고 수업 중에 묘한 기운이 흐르기도 했죠.
그렇지만 제가 함께 뭘 하자고 제안할 때마다 그 애는 이미 다른 계
획이 있었어요. 어느 날은 제가 그 애에게 함께 어떤 파티에 가자고
했는데 가족과 저녁 식사 모임이 있다는 거예요. 그래서 저는 그 파
티에 가지 않고 엄마와 영화를 보러 갔죠. 근데 영화관에서 누구를
봤게요? 그 애가 어떤 여자애와 데이트하고 있는 거예요! 좋아하는
사람이 따로 있으면 괜히 유혹하지 말았으면 좋겠어요." _캐시, 17세

은밀하게 좋아해라

누군가를 좋아하는 즐거움 중에는 그걸 다른 사람에게 얘기하는 재미도 있다. 그렇지만 신중해야 한다는 것, 그리고 여러분의 감정을 모두 마이스페이스(미국에서 인기 있는 소셜 네트워킹 웹사이트-옮긴이)에 올리는 건 삼가야 한다는 것을 기억해라. 실험 파트너를 좋아한다는 사실을 학교에서 떠벌리고 다니면 두 사람 모두 곤란해질 수 있다. 처음에야 귀여워 보일지 모른다. 자기를 좋아한다는데 싫어할 남자가 있을까? 그렇지만 시간이 지나면 불편한 일이 생길 테고 정말 어린애 같은 행동으로 보일 것이다. (게다가 여러분이 다른 사람을 좋아하게 되었을 때 꼬리표가 달리는 걸 원치 않으리라.) 모든 사람에게 떠벌리지 말고 몇몇 좋은 친구들에게만 얘기해라. 그렇지만 그 친구들에게는 맘껏 얘기하는 거다!

내 남편의 한마디
플러팅(작업 걸기)

작업의 첫 단계는 눈 맞춤이다. 열두 살이든, 스무 살이든 마찬가지다. 남자로 사는 것은 힘들다. 나를 드러내는 건 항상 두려운 일이기 때문이다. 거절당하고 싶지 않기 때문이다. 바로 그렇기 때문에 여자들도 한 걸음 나와야 한다. 만약 어떤 남자가 곁눈질한다면 여러분에게 관심이 있다는 뜻이고, 그러면서 아무렇지 않은 듯 보이고 싶다는 뜻이다. 그러니 여러분도 그 남자에게 관심이 있다면 웃어 주거나 다른 암시를 주어서 그 남자가 말을 걸어도 웃음거리가 되지 않으리라는 것을 알려 줘라.

상대를 움직이기

여러분이 별로 한 것도 없는데 알고 지내던 어떤 남자애가 여러분을 조금 다르게 대하기 시작했다고 상상해 봐라. 무슨 일일까? 그 남자애의 당혹스러운 표정은 여러분이 무슨 생각을 하는지 궁금해서 그런 걸까, 아니면 여러분의 이 사이에 뭐가 끼어서 그런 걸까? 그 애가 복도에서 "안녕!" 하고 인사한다면 그냥 친절해서 그런 걸까, 아니면 특별히 여러분을 찾고 있었던 걸까? 그 애가 보내는 온갖 혼란스러운 신호들이, 정말 수작을 거는 건지 아니면 그냥 이상한 애라서 그런 건지 어떻게 알 수 있을까? 분명한 신호 몇 가지를 알려 주겠다.

장난스럽게 팔꿈치로 쿡 치거나 옆구리를 찌른다

이것은 바로 놀이터에서 좋아하는 여자애를 때리던 버릇이 남은 것이다. 상대방을 만져 관심을 표현하면서도 거절당할 위험이 없는 방법을 쓰고 있는 거다.

도와주겠다고 한다

만약 어떤 남자애가 토요일 오전에 함께 자원봉사를 하고 싶다거나 공부하는 걸 돕고 싶어 한다면, 여러분을 좋아할 가능성이 크다. 자유 시간을 여러분에게 바치고 있을 뿐만 아니라, 여러분을

56

얻을 자격이 있는 일을 한다고 느끼고 싶은 거다. 아주 남자다운 행동이다!

집에 바래다주겠다고 한다

여러분과 단둘이 있고 싶으면서 여러분이 안전하게 집에 가기를 바라는 마음을 우회적으로 표현하는 것이다. 이렇게 귀여울 수가!

별명을 지어 준다

차라리 당당하게 너한테 관심 있다고 말하는 게 나을 텐데. "애칭"으로 부르는 것은, 비록 장난일지라도 여러분을 특별하게 생각한다는 뜻이니까.

여자들 이야기
해 보는 거야!

"내 관심을 끄는 최고의 방법은 그냥 단도직입적으로 데이트를 신청하거나, 나를 좋아한다고 말하는 거다. 솔직함이야말로 용기가 필요한 법이다." _재스민, 17세

"섹시한 남자를 봤는데 그 남자가 내게 심장을 녹아내리게 만드는 미소를 지어 보이는 것이야말로 정말 매력적이다. 내게 관심이 있다는 것을 분명하게 보여 주는 것이니까. 아니면 만나거나 헤어질 때 인사하며 안아 주는 것, 바보같이 꽉 껴안는 거 말고 살짝 껴안는 것."

_미미, 16세

뭔가 강한 인상을 주는 행동을 한다

농구 시합에서 이기든지, 물리 시험에서 A를 받든지 자기가 뛰어난 상품이라는 걸 보여 주고 싶은 거다. 열일곱 살 매디슨도 이렇게 말했다. "나는 나에게 강한 인상을 주려고 노력하는 남자가 좋아요. 왠지 섹시해 보이거든요."

통신·연애

휴대폰 문자 메시지와 메신저가 얼굴을 맞대고 하는 구식 연애의 기술을 대신할 수는 없겠지만, 일을 진척시키는 아주 훌륭한 방법이 될 수도 있다. 특히 완전 귀여운 남자와 얘기하다가 말문이 막혔을 때 문자는 아주 편리할 뿐만 아니라 상대방의 기분을 가늠해 볼 수 있게 숨통을 열어 준다. 2007년 AP통신/AOL 여론조사 결과에 따르면 십 대 가운데 43퍼센트가 직접 얼굴을 맞대고 할 수 없는 얘기를 메신저로 한다고 한다. 음. 뭐라고 했을지 궁금한걸!

문자 보낼 때 기억해야 할 몇 가지

짧고 간단하게 할 것

두 화면이 넘는 메시지는 문자로 보내기에는 너무 길다. 화면을 끝까지 내리며 읽기가 귀찮을 수 있는 데다 남자들은 주의력이 짧으니까. 할 말이 많다면 그냥 전화를 걸어라.

문자를 쉴 틈 없이 보내지 말 것

문자는 일종의 짧은 대화 같아야 한다. 다시 말해 다음 문자를 보내기 전에 상대방이 대답할 시간을 주어야 한다. 마냥 혼자 떠들고 있는 사람이 되고 싶지는 않겠지?

가끔 문자는 오해를 불러일으킬 수도 있다. 상대방이 "안녕"이라는 메시지를 보냈다고 화내기 전에, 정확히 무슨 뜻으로 보낸 건지 확인해라. 헤어지자는 뜻이 아니라 그저 수업에 들어가느라 핸드폰을 끄려고 한 것뿐일 수도 있으니까.

유명인의 말

"나는 문자를 아주 많이 보낸다. 여자한테 문자로 작업 거는 게 간단하니까. 작은 하트를 날리고 웃는 얼굴의 작은 이모티콘을 보내는 거다. …… 그렇지만 문자가 서너 번 이상 왔다 갔다 하면 그때는 전화를 해야 한다." _크리스 에번스Chris Evans, 배우

퀴즈: 여러분의 작업 스타일은?

여러분의 작업 스타일을 알아보기 위한 질문들이다. "네", "아니요"로 대답해라!

1. 파티에서 귀여운 남자애를 발견하면 다가가서 말을 건다.

2. 남자가 데이트를 신청하는 것보다 내가 남자에게 데이트를 신청하는 횟수가 더 많다.

3. 소셜 네트워크 친구 중에 여자보다 남자가 더 많다.

4. 내가 좋아하는 남자는 본인도 그 사실을 분명 알 것이다.

5. 친구가 콘서트에서 멋진 남자를 발견했을 때 친구 대신 그 남자의 전화번호를 받아 온다.

6. 모든 데이트 상대와 키스한다.

7. 나는 원하는 남자는 모두 손에 넣기 때문에 친구들이 질투한다.

8. 매 시간은 아니더라도 매일 좋아하는 남자의 소셜 네트워크를 확인한다.

9. 좋아하는 남자의 친구들을 모두 알고 있다.

10. 한 사람 이상이 나를 "완전 바람둥이"라고 불렀다.

점수

10개 질문에 모두 "네"라고 대답했다면, 여러분은 자신감 넘치는 여자다.

여러분은 원하는 것을 보면 달려들기를 두려워하지 않는다. 보통 최고의 장점이라고 할 수 있지만 가끔은 자신감이 지나치거나 작업 걸기를 너무 많이 하는 것일 수도 있다. 어느 정도는 그냥 상상에 맡기는 것도 해로울 것 없다. 그러니 다음번에 어떤 남자가 무슨 생각 하느냐고 묻거든 "네 생각"이라고 대답하지 마라. 정말로 그 남자 생각이 머리에서 떠나지 않더라도. 남자를 계속 긴장하게 만들어라!

5~9개 질문에 "네"라고 대답했다면, 여러분은 가리는 여자다.

여러분은 작업과 친절 사이에 완벽한 균형을 지킨다. 섹시해 보이려고 지나치게 애쓰지도 않고, 온종일 남자 생각만 하며 보내지도 않는다. (그렇지만 좋아하는 남자가 여러분의 암시를 눈치채지 못하면 기꺼이 선수를 칠 사람이다.) 요염함과 얌전함을 겸비한 것이야말로 남자들이 여러분을 섹시하게 생각하는 이유다!

5개 이하 질문에 "네"라고 대답했다면, 여러분은 수줍음 많은 여자다.

관심이 가는 남자가 없다면 부끄러워 작업도 걸지 못한다고 해서 문제 될 리 없겠지만, 단지 상처받기 싫어서 피하는 건 아닌지 확실히 따져 봐라! 사랑과 연애는 위험을 감수해야 하지만 그럴 만한 가치가 확실히 있다. 잠깐 솔직해지기를 두려워하지 마라! 조금은 마음 가는 대로 해 봐라. 연애는 재미있는 거다!

4장.
첫 데이트에서 가장 중요한 규칙과
데이트 게임의 나머지 규칙

데이트의 사전적 정의

두 사람, 주로 남자와 여자가 짝을 찾기 위해 서로 상대방을 알아 가고자 하는 목적으로 함께 시간을 보내는 것.

여자가 생각하는 데이트

1. 좋아하는 남자가 어떤 계획이나 생각, 로맨스가 필요한 활동을 함께하자고 묻는 것.
2. 내가 관심이 있는 남자에게 단둘이든 다른 사람들과 함께든 같이 특별한 활동을 하겠냐고 묻는 것.

남자가 생각하는 데이트

아주 드문 일로 보통 학교 댄스파티 같은 것. 넥타이를 매고, 고급 레스토랑에 저녁 식사를 예약해야 하는 공식적인 일.

•　•　•

이 정의들은 꽤 폭넓다. 그렇다면 그 남자가 머릿속으로 생각하는 게 진짜 데이트인지 아닌지 어떻게 알 수 있을까? 사실 생각보다 알기 쉽다. 다음과 같이 숨길 수 없는 신호 네 가지 중 하나만 확인하면 된다.

1. 특별히 연락해서 같이 뭘 하자고 한다

전화를 걸든, 메신저로 메시지를 보내든, 휴대폰 문자를 보내든, 직접 얼굴을 맞대고 얘기하든, 여러분의 관심을 끌어 금요일에 시간 있냐고 대놓고 물어본다면, 진짜 데이트 신청이라고 생각해도 좋다.

2. 몇 주 전부터 스케줄을 묻는다

그 남자가 돌아오는 주말보다 더 멀리 계획을 세운다면 정말 진지하게 여러분과 사귀려고 생각하는 거다. 확실한 데이트다.

3. 꽃을 들고 집 앞에 나타난다

이렇게 생각하면 간단하다. 대부분의 남자들에게 꽃은 곧 계획이고, 계획은 곧 데이트다. 장미 꽃다발이든, 고작 카네이션 한 송이든, 남자가 꽃이 핀 것을 가지고 왔다면 그것은 데이트다.

4. 정장이나 턱시도를 차려입고 왔거나, 단추 채우는 셔츠와 멋진 청바지를 입고 나타난다

옷을 차려입는 것은 남자들이 대부분 좋아하지 않는 일이다. 그러니 남자가 옷을 다림질하고, 구두에 광을 냈다면 여러분은 데이트를 하는 거다.

내 남편의 한마디
남자와 데이트

고등학교 시절, 내 사전에 데이트라는 단어는 없었던 것 같다. 학교 댄스파티를 빼고는 주로 여럿이 어울려 다녔고 가끔 혼자 있을 때는 공부를 하려고 애썼다. 기껏해야 누구랑 "만난다"는 표현을 썼는데, 직접적으로 여자친구라는 단어를 쓰지 않으면서 내 여자친구라는 것을 표현하는 애매한 방식이었다. 그렇지만 그마저도 꽤 드문 일이었다. 내 생각에 주로 여자들이 남자친구를 원하지, 남자들이 여자친구를 원하는 건 아닌 것 같다.

일대일 데이트

일대일 농구와 조금 비슷하게, 일대일 데이트는 집단 데이트와는 느낌이 완전히 다르다. 오로지 이 멋진 남자와 나 둘뿐이고, 절친이 둘 사이의 어색한 침묵을 깨 주리라 기대할 수도 없고, 남자의 친구들이 나의 똑똑한 대화술과 매력적인 미소로부터 주의를 딴 데 돌리게 만들 일도 없다. 그렇지만 비록 꿈의 왕자님과 단둘이 있는 순간을 손꼽아 기다리기는 했어도, 일대일 데이트는 조금 두려울 수 있다. 친구들과 만날 때처럼 편안한 데이트가 되려면 어떻게 해야 할까?

"나는 절대 첫 데이트에 여자와 저녁을 먹거나 영화를 보지 않는다. 절대로! 뭔가 활동적이고 즉흥적인 데이트를 할 것이다. 마지막 첫 데이트처럼. 그때 나는 자동차 경주에 여자를 데리고 갔다. 그럼 탁자를 사이에 두고 서로 마주 볼 필요가 없다. 그리고 재미있는 일을 하기 때문에 부담감이 사라진다." _자크 길포드, 배우

데이트가 완전히 사라진 건 아니다

일반적인 통념이나 여러분의 경험과는 달리, 생각보다 더 자주 커플이 만들어진다. 미디어마크 리서치에 따르면, 십 대 가운데 57퍼센트가 지속적으로 데이트를 한다고 답했다. 이 여론조사에 참여한 남자애들만 찾으면 되는데……

첫 데이트에 절대 해서는 안 되는 것

첫 키스, 자동차에서의 첫 섹스, 그밖에 모든 종류의 첫 경험들
이 다 그렇듯, 첫 데이트는 짜릿한 일이어야 하지만 결국 너무 긴
장하여 우물쭈물하다 시시하게 끝날 때가 많다. 누구나 완벽한 데
이트를 바라지만, 한 번도 경험하지 못한 것에 대해 어떻게 계획을
세워야 할까? 그 남자애와 두 번째 데이트를 하고 싶다면 다음 네
가지는 절대 하면 안 된다.

1. 그 애에 대해 정말 알고 싶다면
   첫 데이트에 영화를 보러 가지 마라

영화관에서는 이야기를 나눌 수도 없고, 손을 잡아야 할지 말
지 늘 고민하게 된다. 긴박한 자동차 경주 장면을 보면서도 머릿속
으로는 그 애가 아직도 내게 팔을 두르지 않았다는 생각뿐인 것은
말할 것도 없다. 물론 영화를 보면 영화가 끝나고 아이스크림을 먹
으면서 대화를 이끌어 가기 좋다는 반대 의견도 있을 수 있다. 화
젯거리가 딸리는 사람에게는 영화가 천국의 데이트로 데려다 줄
입장권이 될 수도 있다.

2. 옛 남자친구나 데이트 경험에 대해 얘기하지 마라

그 어떤 남자도 다른 사람보다 나은 남자가 되어야 한다는 부담

을 느끼고 싶어 하지 않는다. 남자친구가 밤이 새도록 전 여자친구가 얼마나 멋졌는지 떠들어 댄다면 기분이 어떨지 상상해 봐라.

3. 부모님과 현관에서 짧게 인사하는 것 이상이 되지 않도록 해라

남자친구가 여러분의 온 가족을 만나게 만들지 마라. 이것은 처음 데이트하는 사람에게 너무 부담스러운 일이다. 그렇다고 아버지가 외출을 허락하기 전에 누구랑 나가는지 꼭 봐야겠다고 고집 부리는 걸 걱정할 필요는 없다. 그것은 완전히 정상적인 요구이고, 남자들도 대부분 그 정도는 예상할 거다. 문제는 사람을 녹초로 만들어 버리는 길고 긴 인사다.

4. 데이트에 뭘 할 건지 먼저 알아 둬라

썰매 타러 가는데 드레스를 입고 나타나면 안 되니 말이다. 섹시해 보일지는 몰라도 신 나게 놀 수도 없을 테고 내내 남의 시선을 의식하게 될 것이다.

채팅을 통한 데이트?

AP통신 설문 조사에 따르면 십 대 가운데 22퍼센트가 데이트를 신청하거나 수락하는 데 채팅을 이용한다고 답했다. 마침내 원하던 데이트 신청을 받았을 때 짜릿한 비명을 감추기 좋은 방법이다. 채팅 상대는 그 소리를 듣지 못할 테니까.

사람들이 첫 데이트에 가장 많이 가는 레스토랑은?

1. 프랑스 레스토랑   2. 이탈리아 레스토랑   3. 타이 레스토랑
4. 멕시코 레스토랑   5. 레스토랑은 무슨, 피자 배달 어때?

답: 2번
미국의 데이트 알선 에이전시 It's just lunch에 따르면 응답자의 46퍼센트가 첫 데이트 장소로 이탈리아 레스토랑을 꼽았다고 한다.

데이트 준비

분위기 만들기: 데이트를 위한 음악을 준비해라

여러분은 여자들끼리 밤에 모일 때 분위기를 띄우는 음악이나, 잠들기 전에 듣는 감미롭고 부드러운 음악들을 가지고 있을 것이다. 그렇다면 데이트 음악은 어떨까? 신 나는 분위기를 원하든 로맨틱한 분위기를 원하든 음악이 분위기를 완벽하게 만들어 줄 수 있다. 그뿐만 아니라 영어 선생님 이야기든 좋아하는 축구팀 이야기든 화제가 떨어졌을 때 좋은 이야깃거리를 제공해 줄 수도 있다. 누구의 여자친구이기 전에 대화를 끌어낼 영감이 여러분에게 필요한 법이다!

데이트를 위한 음악들을 모을 때 기억해야 할 중요한 사실은 여자만을 위한 음악들만 고르면 안 된다는 거다. 마돈나 노래와 신

디 로퍼의 〈Girls just want to have fun〉 컴필레이션 같은 거 말이다. 맨디 무어의 〈Candy〉가 여자들끼리의 밤 모임 때 빠지지 않는 고전이긴 하지만 맨디 무어를 좋아하는 남자들은 많지 않다. 아래 음악 목록을 보면 여러분과 데이트 상대 모두 좋아할 만한 음악이 뭔지 아이디어를 얻을 수 있을 것이다. 물론 데이트할 때 좋은 음악이 이게 다는 아니다. 여러분의 MP3 플레이어에 들어 있는 음악들을 훑어보면서 여러분만의 목록을 만들어 봐라.

키스하고 싶어요: 로맨틱한 분위기

1. 푸지스The Fugees의 〈No woman, no cry〉
2. 카우보이 정키스Cowboy Junkies의 〈Blue moon revisited〉
3. 트로그스The Troggs의 〈Love is all around〉
4. 핑크 플로이드Pink Floyd의 〈Wish you were here〉
5. 매지 스타Mazzy Star의 〈Fade into you〉
6. 애쥐 레이Azure Ray의 〈Sleep〉
7. 피트 욘Pete Yorn의 〈Bandstand in the sky〉
8. 노라 존스Norah Jones의 〈Come away with me〉
9. 스팅Sting의 〈Fields of gold〉
10. U2의 〈With or without you〉

타임 오브 유어 라이프: 신 나는 분위기

1. 롤링 스톤스Rolling Stones의 ⟨Satisfaction⟩

2. 저스틴 팀버레이크의 ⟨Sexy back⟩

3. 위저Weezer의 ⟨Island in the sun⟩

4. 케이티 턴스털KT Tunstall의 ⟨Suddenly I see⟩

5. 윌코Wilco의 ⟨Heavy metal drummer⟩

6. 에이브릴 라빈Auril Lavigne의 ⟨Girlfriend⟩

7. 앤드류 W.K.Andrew W. K.의 ⟨Girls own love⟩

8. 슬리터 키니Sleater Kinney의 ⟨Words and guitar⟩

9. 블론디Blondie의 ⟨Dreaming⟩

10. 영화 ⟨더티 댄싱⟩의 오리지널 사운드트랙 중 ⟨(I've had) The time of my life⟩

우리 서로 알아 가요: 대화를 여는 분위기

1. 비틀스의 〈Let it be〉

2. 잭 존슨Jack Johnson의 〈Never know〉

3. 스미스The Smith의 〈Girlfriend in a coma〉

4. 레지나 스펙터Regina Spector의 〈On the radio〉

5. 마누 차오Manu Chao의 〈Me gustas tu〉

6. 스푼Spoon의 〈I turn my camera on〉

7. 스트리츠The Streets의 〈Fit but you know it〉

8. 베타 밴드Beta Band의 〈Dry the rain〉

9. 벨벳 언더그라운드Velvet Underground의 〈Oh! sweet nuthin〉

10. 케미컬 브라더스Chemical Brothers의 〈Let forever be〉

대화가 중요하다

물론, 대화를 잘 이끌어 가려면 음악에만 의존할 수는 없다. 진짜 얘기도 해야지. 조금 고리타분하게 들릴지 모르지만 좋은 대화는 즐거운 시간을 만들어 줄 열쇠다. 정말이다. 몇 초밖에 안 되는데 몇 시간처럼 느껴지는 어색한 침묵의 순간들을 겪어 봤겠지? 무슨 수를 써서라도 그런 순간들을 피하고 싶을 거다! 그렇다고 바보처럼 계속 횡설수설하는 것은 제대로 된 대화라고 할 수 없다. 상대가 자기 얘기를 하게 만들어 봐라. 이왕이면 여러분도 즐거워할 만한 얘기로 말이다. 그러면 어색한 침묵을 걱정할 필요가 없다. 예를 들어, 데이트 상대가 독일 셰퍼드 개를 키우고 여러분도 개를 좋아한다면, 그 개를 기른 지 얼마나 되었냐고 물어봐라. 아니면, 데이트 상대가 가족끼리 여행을 아주 많이 다니고 여러분도 여행을 좋아한다면, 지난 방학 때 여행했던 것에 대해 물어봐라. 그러면 대화의 실마리를 얻게 될 거다. 그리고 서로 상대방을 섹시하다고 생각한다는 것 말고도 두 사람이 공통점을 가지고 있다는 것을 발견하게 될 거다.

대화를 나누면서는 상대가 자기 얘기를 멈추고 여러분의 관심사나 인생에 대해 묻기도 하는지 주의 깊게 살펴라. 만약 남자애가 팔굽혀펴기를 몇 개나 하는지 끊임없이 자랑하거나 영화 〈오스틴 파워〉의 대사들만 반복해 댄다면, 여러분은 관계가 진지해지기 전에 한 번 더 생각해 보고 싶어질 거다. 그 애의 이야기를, 오로지 그 애의 이야기만을 들어 줘야 하는 것을 언제까지 참을 수 있

여자와 남자의 이야기

대화=관계

"내가 좋아하는 데이트 방식은 헤어지기 전에 차에서 한 시간 동안 얘기를 나누는 것이다. 그렇게 할 수 있는 여자가 결국 내 여자친구가 된다."_세트, 17세

"대화는 내 마음속으로 들어가는 열쇠다." _매더, 18세

을까? 게다가 좋은 데이트 상대라면 여러분이 하고 싶은 이야기에 관심을 보일 것이다. 그리고 그래야 정말 제대로 된 대화라고 할 수 있다.

활동도 중요하다

완벽한 대화의 기술이 있더라도, 데이트할 때는 뭔가 활동도 필요하다. 뭔가 계획을 세우면 (상대가 아니라면 여러분이라도) 두 사람 모두 즐거운 데이트를 만드는 데 도움이 된다. 가끔은 여러분의 데이트 상대도 계획을 세우는 데 약간의 도움이 필요한 법이다. 고등학교 남학생들은 독창적인 데이트 아이디어가 부족할 때가 더러 있다. 그러니까 그 애가 뭘 하고 싶으냐고 물었을 때, 뭔가 현실적인 아이디어를 준비해 둬라. (물론, 파리로 날아가 하룻밤을 보내고 오는 것은 전혀 현실적이지 않겠지.)

언제나 믿을 만한 네 가지 데이트 계획

1. 빵 굽기

가끔은 멋진 데이트를 하기 위해 약간의 설탕만 있으면 된다. (더불어 또 다른 재료들 약간) 여러분이 좋아하는 요리법을 꺼내서 직접 빵을 구워 봐라! 둘이서 다 먹어 치워도 좋고, 친구들에게 나눠 줄 수도 있고, 그 애가 직접 만든 빵으로 엄마의 마음을 사로잡을 수도 있다. 이렇게 맛있는 남자가 있다니!

2. 좋은 일 하기

하루 동안 무료 급식소나 노숙자 쉼터에서 자원봉사를 하면서

세상을 아주 조금 바꾸는 데 시간을 써 봐라. 자기 여가 시간을 도움이 필요한 사람들을 위해 쓰는 남자를 좋아하지 않을 사람이 있을까?

3. 학교 스포츠 팀 찾아가기

여러분이 다니는 학교의 배구 팀이 굉장한 실력을 지녔을지도 모른다. 그렇지만 직접 경기를 보지 않는다면 결코 알 수 없는 법이다. 그리고 약간의 애교심은 귀여워 보일 수 있다.

4. 저녁 식사와 영화

고전적인 데이트 코스다. 그리고 이게 고전적인 데이트 코스가 된 데는 다 그럴 만한 이유가 있다. 다만 남자 앞에서 옷에 오줌 싸고 싶지 않다면 〈나이트메어〉 같은 영화는 고르지 마라.

여자들 이야기
멋진 데이트란

열여섯 살 에이버리는 이렇게 말했다. "멋진 데이트란 두 사람이 손발이 맞는다는 것을 발견할 때다." 아멘!

기사도를 돌려줘

데이트할 때 남자가 문을 열어 주는 것을 잊어버릴 때가 얼마나 많던가? 아니면 의자를 빼 주는 것은? 혼자 할 줄 몰라서가 아니다. 물론 혼자 앉을 수 있지만 남자가 그렇게 배려하는 모습을 보이면 멋질 것이다. 요즘에는 기사도라는 것이 무의미해지다시피 했다. 그렇기 때문에 기사도 있는 남자가 더 매력적이기도 하다. 우리는 부드럽게 배려를 요구함으로써 기사도를 되살릴 수 있다.

열여섯 살 캐서린이 그렇게 했다. 캐서린은 어떤 남자애와 몇 주 동안 데이트를 했는데, 그때까지는 모든 것이 아주 좋았다. 어느 날 두 사람은 근처에 있는 산으로 하이킹을 가기로 했다. 캐서린은 부엌에서 시간을 때우며 초인종이 울리기를 기다리고 있었는데, 밖에서 빵빵거리는 소리가 들렸다. 캐서린은 '그 애가 나한테 빵빵거릴 리 없어'라고 생각하고 그냥 앉아 있었다. 2분도 채 되지 않아 또 빵빵거리는 소리가 들렸다.

캐서린은 호기심에 자리에서 일어나 창밖을 내다보았다. 데이트하기로 한 애가 자기 엄마의 지프차에 앉아서 캐서린이 밖으로 나오길 바라며 빵빵거리고 있었다. 캐서린은 공주병은 아니었지만 자기가 지금 이대로 나가면 남자가 초인종을 울리면서 시작되는 데이트는 영영 끝이라는 것을 직감했다. 그 남자애는 두 번 더 빵빵거리더니 캐서린이 밖으로 나오지 않으리라는 것을 깨닫고, 차에서 내려 현관으로 걸어왔다.

캐서린은 문을 열어 주며 이렇게 말했다. "내가 빵빵거리는 소리에 꿈쩍도 하지 않으리라는 것을 네가 깨닫기까지 얼마나 걸리나 궁금해하고 있었어." 그리고 그 남자애의 볼에 뽀뽀하고는 밖으로 나왔다. 이렇게 캐서린은 싸우지 않고서도 자기 생각을 확실하게 전달했다. 그 후 그 남자애는 다시는 빵빵거리지 않았다.

계산서 주세요!

데이트가 시작된 이래로 남자가 저녁 식사비를 내는 것이 전통이었지만 이제는 변하기 시작했다. 요즘에는 여자가 저녁 식사를 계산하는 것이, 남자보다 더 자주는 아니더라도 꽤 흔한 일이 되었다. 그렇지만 가끔이라면 공평하겠지만 늘 여러분이 돈을 내는 건 안 된다. 그렇다면 누가 돈을 낼지 어떻게 알 수 있을까?

데이트를 신청한 사람이 낸다

예를 들어, 남자가 전화해서 영화 보러 갈 시간 있느냐고 묻는다면 남자가 영화표를 사리라고 기대해도 된다. 그렇지만 여러분이 최신 영화를 보고 싶어서 남자에게 같이 가자고 물었다면 여러분이 영화표를 사는 게 좋다.

물론 여럿이 데이트하면 더치페이를 하는 게 좋다. 각자 내는 거다. 여럿이 함께 외식하거나 영화를 보러 갈 때 좋은 방법이다. 그럼 누가 계산할 것이냐를 두고 의견이 엇갈리거나 누군가가 뜻하지 않게 다른 사람의 비용까지 덤터기를 쓰는 곤란한 상황이 생기지 않을 테니까.

그렇지만 늘 더치페이를 하거나 데이트할 때마다 여러분이 비용을 낸다면 어떨까?

만약 데이트 상대가 모든 비용을 늘 여러분이 부담하게 만든다면 여러분을 이용하고 있는 것이다. 그리고 당연히 여러분은 그런 대우를 받을 필요가 없다! 관계는 서로 함께한다는 뜻이다. 각자 조금씩 부담해야 한다. 만약 남자가 가끔 여러분에게 저녁을 사 줄 능력이 없다면 돈이 덜 드는 데이트를 할 수 있는 독창적인 아이디어를 생각해 내야 한다. 아니면 일자리를 구하거나! 그리고 오는 게 있으면 가는 게 있어야 한다는 것을 기억해라. 여러분이 대접을 받고 싶다면 여러분도 대접해야 한다. 그러니 가끔은 여러분이 계산서를 집어 들어라.

깜찍한 클러치 백을 들고 다니면 좋은 또 다른 이유

데이트하러 가기 위해 집을 나서는데 엄마가 현금을 쥐여 주면서 언제나 만약을 대비하는 게 좋다고 말했을 때, 앨리슨은 엄마가 노파심이 많다고만 생각했다. 그레그가 반에서 가장 매너 좋은 애라는 건 누구나 아는 사실이기 때문이다. 그레그가 자신을 홀대하거나 저녁 식사비를 내게 만들 일은 절대 없다! 그래서 계산할 때가 되었을 때 그레그가 주머니를 뒤적이자 앨리슨은 충격을 먹었다. 주머니를 뒤적이던 그레그는 한마디 말도 없이 레스토랑 입구 쪽으로 뛰어갔다. 앨리슨은 패닉에 빠졌다. 지금 자기한테 계산을 떠넘기는 건가? 사실은 그게 아니었다. 정말 이상하게도 누가 그레그의 코트를 자기 것으로 착각하고 가져간 것이었다. 별일 아닐 수도 있었지만, 하필 그레그가 지갑을 코트 주머니에 넣어 뒀던 것이다. 코트가 사라졌으니 지갑과 돈도 모두 사라질 수밖에.

다행히 앨리슨이 엄마한테 받은 돈으로 저녁 식사 값을 낼 수 있었다. 그레그는 당황해서 어쩔 줄 몰라 했다. (그레그는 며칠 뒤에 그 돈을 갚았다.) 앨리슨이 돈을 좀 갖고 있었던 덕분에 두 사람은 데이트를 망치지 않았다. 여자도 데이트를 구할 수 있다!

키스할까 말까?

남자를 잡았다. 데이트도 했다. 이제 "안녕" 하고 헤어질 시간이
다. 문 앞에서 짧게 껴안을까, 아니면 볼에 가볍게 뽀뽀할까, 아니
면 키스 문제를 담판 지을까?

대답은 바로 자기 자신에게 달려 있다

그냥 마음 가는 대로 해라. 아직 마음의 준비가 안 된 일을 강요
때문에 억지로 하지는 마라. 만약 가볍게 키스하고 싶다면 망설이
지 말고 행동으로 옮겨라. 순진한 소녀여, 마스카라를 칠한 속눈썹
을 깜빡거리고 입술을 오므려라. 그 애가 먼저 나서기를 기다리고
있나? 그렇다면 그 애가 보내는 신호에 주의를 기울여라. 내 쪽으
로 몸을 기대 오는지? 평소보다 더 오래 눈을 맞추는지? 평소보다
더 작게 말해서 내가 다가가게 만드는지? 수줍은 미소를 보내는
지? 만약 그렇다면 그 애는 여러분에게 키스할 용기를 내고 있는지
도 모른다. 그리고 여러분도 그럴 마음이 있다면 한 걸음 다가가는
게 어떨까? 그렇지만 오늘은 그럴 기분이 아니라면 그냥 무시해라.
한 발 뒤로 물러서서 하얀 이를 드러내며 씩 웃고는 오늘 고마웠다
고, 즐거웠다고 말해라. 만약 둘의 관계가 잘 풀린다면 두 사람 모
두 마음의 준비가 되는 때가 곧 올 것이다.

멋진 키스를 하기 위한 7단계

1. 순간에 맡겨라

둘이 손을 맞잡고 있는가? 서로 눈을 들여다보고 있나? 로맨스야말로 멋진 키스의 핵심이다.

2. 한 걸음 다가서라

그 애의 얼굴에 몸을 숙여라. 그 애도 다가온다면 똑같은 생각을 하고 있는 것이다. 이제 둘 사이가 가까워졌으니 담판을 지을 준비가 되었다.

3. 눈을 감아라

뭐 꼭 그래야 하는 건 아니지만 아주 가까운 사이가 아니라면 키스할 때 서로 눈을 바라보는 것이 이상하게 느껴질 수도 (집중하는 데 방해될 수도) 있다. 눈을 감으면 그 순간에 완전히 몰입하는 데 도움이 된다.

살짝 벌려라

4. 그의 입술에 자기 입술을 갖다대라

키스할 때는 입술을 꼭 다물지 말고 살짝 벌려야 한다. 안 그러면 입술이 딱딱하고 뾰족해지니까. 입술을 살짝 벌려도 키스하고 싶은 얼굴로 보이게 해 준다.

5. 입술을 눌러라

그렇다고 너무 세게 누르지 말고 상대방의 입술을 제대로 느낄 수 있을 만큼만 눌러라.

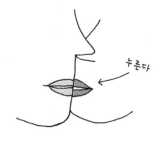
누른다

6. 옵션

분위기가 무르익으면 그의 목에 팔을 둘러라. 친밀감을 높여 준다.

ㄱ. 몸을 천천히 떼라

지금 이 순간의 느낌을 깨고
싶지 않을 것이다. 그러니 모든
움직임을 천천히 한결같게 유
지해라. 영화에서 슬로모션 장
면을 떠올려 봐라. 거기서 속도
를 조금만 높이는 거다.

내 남편의 한마디
키스하기

고등학교 때 나는 키스를 얼마나 잘하는지 늘 걱정했고, 여자애와 키스
하고 나면 얼마나 잘했을까 불안해했다. 불안하기는 상대도 마찬가지라
는 것, 그저 긴장을 풀고 그 순간을 즐겨야 한다는 것을 깨닫기까지 꽤
시간이 걸렸다. 여러분의 남자친구도 똑같이 긴장하고 있다는 것을 잊지
말고 남자친구가 실수로 입술을 깨물어도 친구들에게 떠벌리지 마라.

발전된 키스

기본적인 키스를 마스터하면 좀 더 복잡한 기술로 키스의 새 지평을 열 수 있다.

혀 돌리기

주로 프렌치 키스라고 불리는 건데, 지저분한 키스의 한 종류다. 두 사람이 입안에서 혀를 움직이는 것이 기본이다. 이 사이로 뱀이 기어 다니는 느낌이 들지 않게 모든 움직임을 부드럽고 천천히 하는 것을 잊지 말기를. 흥분 지수: B

입을 벌리고 하는 키스

이것도 프렌치 키스 같은 건데, 프렌치 키스만큼 침이 많이 섞이지는 않으면서 아주 강렬한 느낌의 키스다. 병으로 물을 마실 때 입술 모양을 상상해 봐라. 그리고 그 병이 남자의 입이라고 생각하면 된다. 바로 그게 바로 입을 벌리고 하는 키스다. 흥분 지수: A+

온몸으로 하는 키스

이것은 몸을 남자에게 기대면서 하는 키스다. 두 사람이 숨을 쉴 수 있고, 남자가 자세를 바꾸어 여러분이 마치 피사의 사탑이 된 것처럼 느껴질 정도로 무게를 너무 싣지만 않는다면 굉장한 키

스가 될 수 있다. 흥분 지수: A

볼 키스

이것은 정통 키스라기보다는 포옹이라고 해야 맞을 것이다. 길게 진한 키스를 하고 나서 남자에게 몸을 기대 껴안으면서 볼을 갖다 대는 거다. 영화의 한 장면 같은 순간이며 가장 로맨틱한 순간이다. 흥분지수: B

공개 키스

그래, 안다. 이것은 고급 기술의 키스는 아니지만 키스 레퍼토리에 꼭 필요한 거다. 사람들이 있는 자리에서 두 사람이 입술이나 볼에 가볍게 키스하는 것이다. 부모님이나 선생님 앞에서 할 수 있는 가장 적절한 키스라 하겠다. 뭐 꼭 부모님이나 선생님 앞에서 키스하고 싶지는 않겠지만. 흥분 지수: C

언제 어디서든 키스할 수 있도록 기억할 점 몇 가지

1. **키스할 수 있는 입술을 만들어 둘 것** 립스틱을 바르지 않고 집을 나서는 여성은 거의 없다지만, 남성의 47퍼센트는 맨입술에 키스하는 것을 더 좋아한다고 한다. 그렇다고 남자들이 더 자연스러운 얼굴을 선호한다는 뜻은 아니다. (남자들은 그저 있는 그대로의 모습을 아름답다고 생각한다.) 지저분해지는 게 싫어서 립스틱이나 립글로스를 기피하는 것뿐이다.

2. **키스하며 숨 쉬는 것 잊지 말 것** 심한 감기에 걸린 게 아니라면 코로 숨을 쉬어라. 어차피 감기에 걸렸을 때는 키스를 하지 않는 게 좋을 것이다. 감기가 다 나았을 때쯤이면 남자친구가 감기에 걸려 여러분에게 다시 감기를 옮길지 모르니까.

3. **주도권을 잡을 것** 어떤 남자들은 키스를 레슬링 같은 격렬한 게임으로 여긴다. 그렇지만 침을 질질 흘리고 싶지 않다면 입을 벌리고 혀가 살짝 닿는 정도로만 키스하는 게 좋다. 남자가 억지로 혀를 입안으로 밀고 들어오면 여러분이 좀 도와줘라. 몸을 살짝 뒤로 빼는 거다. 그러면 남자도 알아들을 것이다.

4. **특별한 사람에게만 키스할 것** 물론 키스가 기분 좋은 일이기는 하지만, 데이트하는 남자마다 키스하는 것은 좋지 않다. 잡지 《코스모폴리탄》에 따르면 남성의 45퍼센트가 키스한 여자의 이름을 기억하지 못한다고 한다. 여러분도 그 통계 수치의 일부가 되고 싶지는 않으리! 여러분은 남자에게 강한 인상을 남기고 싶을 것이다. 나를 믿어라. 여러분이 그 남자를 정말 좋아한다면 키스에 그것이 드러날 테고, 그 남자는 틀림없이 여러분과 헤어지고 나서도 오랫동안 여러분을 기억할 것이다!

키스할 맛 안 나는 경우

물론 모든 키스가 기억에 남지는 않는다. 적어도 좋은 기억으로 남기 위해서 주의할 점을 몇 가지 알려 주겠다.

까칠한 마찰

여러분이 반한 남자의 염소수염이 귀여워 보일지는 몰라도, 여자의 부드러운 입술에 닿으면 실크를 사포로 밀어내는 느낌과 같다. 정말 입술이 따가울 수 있으니까 남자가 수염을 길렀다면 입술 보호제를 준비하거나 남자에게 살살하라고 말해라.

나쁜 입 냄새

그야말로 분위기 깨는 일이다. 나쁜 입 냄새는 키스하기 싫게 만든다. 만약 남자가 입 냄새가 난다면 민트 향 껌이나 구강 청량제를 줘라. (효과가 정말 강력하다.) 그리고 두 사람 중 한 명이 저녁 식사로 살사 소스나 마늘빵을 먹으면 둘 다 살사 소스나 마늘빵을 먹은 셈이 된다. 두 사람 모두 입안에 매운 맛이 남아서 키스할 때 상대방의 입 냄새를 느끼지 못할 것이다.

나쁜 데이트 연대기

모든 데이트가 완벽한 키스로 끝나는 건 아니다. 심지어 킹카와 퀸카에게도 나쁜 데이트가 있기 마련이다. 점쟁이가 아닌 한, 오랜 기다림 끝에 롤러코스터를 탔는데 중간에 멈춰 버리는 순간이 올 때까지는 이 데이트가 나쁘게 끝나리라고 전혀 짐작할 수 없다. 그렇지만 나쁜 데이트라도 최선을 끌어내거나 끝까지 견뎌 낼 몇 가지 방법이 있다. 그리고 가끔은 나쁜 데이트가 먼 훗날 좋은 추억 거리가 되기도 한다. 정말이다.

나쁜 데이트 1. 꿈에 그리던 데이트가 악몽이 되다

여러분은 가장 섹시한 청바지를 차려입고 인생 최고의 데이트를 할 준비가 되어 있다. 그런데 여러분이 꿈에 그리던 이상형의 매력은 온데간데없이 사라지고 그 본색이 드러난다. 알고 보니 완소남은 사실 난폭 운전자였던 것이다. 그렇지만 차에서 내린 다음에도 상황은 나아지지 않았다. 이 남자는, 고속도로에서 앞을 가로막던 미니밴에서 저녁 식사 서빙을 하는 종업원에게 화살을 돌렸다. 자기가 누군지 아느냐는 둥, 음악이 너무 시끄럽다는 둥, 에어컨이 바람이 너무 세다는 둥, 스테이크가 너무 익었다는 둥 불평을 쏟아 낸다. 한마디로 분위기를 깨는 사람이다.

이 데이트를 구할 방법이 있을까, 아니면 적어도 남은 저녁 식사

만이라도 즐길 수 있는 방법이 있을까?

　바로 여러분의 아주 매력적인 대처 능력을 시험해 볼 좋은 기회다. 남자가 가장 행복해하는 얘기로 화제를 돌려 봐라. 좋아하는 영화든, 좋아하는 개든, 뭐든 간에. 그리고 헤어질 때가 되어 남자가 차로 바래다주면 차에서 내려 미친 듯이 도망치는 거다! 분노 치료가 필요해 보이는 사람과 함께 있고 싶은 사람은 아무도 없다. 우주에서 가장 부정적인 남자와 또 저녁을 보내는 것보다 나은 일이 얼마든지 있으니까.

나쁜 데이트 2. 지루하다는 말로는 다 표현할 수 없어

　나와 공통점이 많은 남자애를 만났다. 그래서 그 애와 저녁을 먹으며 한 시간 내내 수능 시험에서 높은 점수를 받을 계획에 대해 얘기하는 것을 들어 준다. 설상가상으로 그 애는 디저트까지 주문해서 자신의 공부법에 대한 지루한 이야기를 구구절절 늘어놓는다. 메인 식사 시간에 준 고통만으로 충분하지 않았나 보다!

　식탁에 머리를 박고 싶은 기분이다. 그렇다고 디저트 포크로 자기 눈을 후벼 파지는 마라. 대신 그 애의 단조로운 목소리를 긴장을 푸는 배경음악으로 이용해라. 숨을 깊이 들이쉬고 평화로운 요가 수업을 받고 있다고 상상해 봐라. 식탁 아래로 발을 쭉 펴고 행복의 나라로 떠나는 거다. 다만 잠들지 않게 조심할 것!

나쁜 데이트 3. 속이 울렁거린다

정말 섹시한 하키 선수가 함께 호두까기인형 공연을 보러 가자고 물었다. 역사 수업을 같이 듣는 애인데, 몇 달 동안이나 눈독을 들이며 탐내던 애다. 그 애가 드디어 데이트를 하고 싶다는 것이다. 옷을 차려입고, 시내에서 비싼 저녁을 먹고, 그 애가 내게 팔을 두르고 발레 공연을 보게 되는 순간까지 어떻게 기다리나 싶다. 그런데 한창 데이트하는 중에 속이 울렁거리는 것이다. 말 그대로. 그애가 데리러 왔을 때에도 기분이 좋지 않았는데 그때는 그저 데이트한다고 긴장해서 그런 줄 알았다. 그런데 볼이 발그레진 이유는 사실 열 때문이었고, 나는 비싼 저녁 식사를 하다 말고 급히 화장실로 달려가 토하고 말았다. 우리는 발레 공연하는 극장에는 아예 가지도 못했다. 그리고 집으로 돌아오는 길에 두 번이나 차를 세우고 길가에 토했다. 다행히 그 섹시한 하키 선수는 이튿날 내게 전화해서 좀 어떠냐고 물었지만 둘 다 또 데이트하고 싶은 기분은 생기지 않았다. 데이트 상대 앞에서 속이 메스꺼워지는 것은 첫 데이트에 결코 있을 수 없는 일이니까.

게다가 모든 데이트 상대가 이 하키 선수처럼 그렇게 이해심이 많은 것도 아니다. 만약 데이트하다가 토했는데 남자가 그렇게 친절한 사람이 아닐 경우를 생각해 봐라. 여러분이 자기 새 넥타이에 토했다고 화를 내던가? 아니면 데이트를 망쳤다고 짜증을 내던가? 만약 여러분이 토를 한 게 문제가 아니라 그 남자가 원래 얼간이라서 그런 거라면 친구에게 전화를 걸어 데리러 와 달라고 부탁해라.
그리고 구토 덕분에 남을 배려할 줄 모르는 남자와 엮이지 않은
것을 다행으로 여겨라.

남자들의 솔직한 이야기
이 사람 저 사람 만나기

"나는 한 번도 여자와 진지하게 사귀어 본 적이 없다. 나는 좋아하는 여자가 많
고, 한 여자와 평생을 보내고 싶지 않다."_로건, 15세

"여자애가 딱 달라붙으면 난 기겁한다. 나는 여자애가 우리 관계를 괜히 진지하
게 생각하지 않았으면 좋겠다."_로스, 16세

여자들 이야기
예선 절차

한 남자에 정착하기 전에 어떤 남자들이 있는지 주위를 둘러봐야 한
다고 생각하는 여자들이 많다. 바로 그래서 올스타 경기처럼 데이트
하는 방법을 연구해야 한다!

"십 대라면 자기가 원하는 남자가 어떤 사람인지 제대로 알기 위해
여러 남자와 데이트해야 한다고 생각한다. …… 지금 만나고 있는 남
자에게 정착하지 말고, 완벽한 남자가 나타나기를 기다려라."

_머리사, 17세

"지금 만나는 남자와 진지하게 사귀는 것은 너~무 이르다!"

_페이지, 14세

"나는 늘 남자친구와 오래 사귀는 편이었다. 한 번은 1년 반 정도 사
귀었고 또 한 번은 1년 8개월 사귀었다. 너무 일찍 진지한 관계를 맺
는 것은 좋지 않은 것 같다. 내가 겪어 봐서 안다."_수지, 17세

우리는 그곳에 있었다
실제 공포 데이트 사례

셋은 너무 많아

"어떤 남자애한테 데이트 신청을 받아서 함께 저녁을 먹으러 갔다. 그곳에서 그 남자애의 전 여자친구를 만났는데, 그 여자애가 우리와 합석했다. 그것도 바로 내 옆자리에! 저녁을 먹는 내내 두 사람은 옛 추억을 얘기했고, 그 여자애는 헤어지면서 남자애의 볼에 키스하고는 옛날이 정말 그립다고 말했다. 말할 필요도 없이, 우리는 두 번 다시 데이트하지 않았다. 그 후 일주일 뒤 두 사람이 다시 사귀기로 했다는 얘기를 들었다." _킬로, 16세

지루해!

"내 생애 최악의 데이트는 두 번째 데이트였다. 첫 데이트는 정말 환상적이었다. 그렇지만 두 번째 데이트는 너무 재미없어서 세 번째 데이트는 아예 하지도 않았다. 그 남자는 나를 첫 데이트 때와 똑같은 커피숍에 데려가서, 첫 데이트 때와 똑같은 얘기를 했다."

_커트니, 18세

너무 넘치고, 너무 빨라

"내 생애 최악의 데이트는, 데이트한 지 3주밖에 안 되었는데 남자가 내게 사랑한다고 말하고는 내 목 안으로 자기 혀를 집어넣은 거다. 웩." _머리사, 17세

영화 같은 일

"내 생애 최악의 데이트는 어떤 남자애와 영화관에 갔을 때다. 시작은 좋았다. 그 애가 영화표 값을 냈고, 내가 보고 싶었던 영화였다. 그런데 영화가 끝나 갈 무렵 그 남자애가 실례한다고 말하고는 화장실에 가더니 돌아오지 않았다. 나는 그 애가 나를 차 버린 건가 걱정이 되기 시작했다. 밖에 나가 보니 그 남자애는 다른 여자애랑 같이 있었다. 그 애가 사과하기는 했지만 나는 완전히 무시당한 기분이었다."

_카이티, 16세

친구들을 모아 봐

일대일 데이트 같은 진지한 만남은 아직 부담스러운가? 걱정하지 마라! 천천히 시작하고 싶다면 집단 데이트가 딱이다. 꿈에 그리던 남자와 단둘이 있을 때 느끼는 부담감도 없고, 그냥 앉아서 어떤 남자가 용기를 내 데이트를 신청해 주기를 기다릴 필요도 없다. (아니면 직접 데이트를 신청한다든지) 말할 필요 없이, "데이트"를 허락하지 않는 부모님을 둔 친구들에게도 집단 데이트가 딱이다. 그 얘기는 7장에서 자세히 하겠다.

집단 데이트의 가장 좋은 점은, 여러분이든, 여러분이 좋아하는 남자든 둘 중에 한 사람이 많이 준비할 필요가 없다는 거다. 그냥 여럿이 같이 있으면서 뭔가 함께하고자 할 때 언제든지 집단 데이트를 제안할 수 있다. 집단 데이트의 본질은 어쩌다 여러분이 좋아하는 사람이 포함되어 있는 집단과 함께 어울리는 거니까. 사실, 여러분과 여러분이 좋아하는 사람이 함께 같은 공간에 있더라도 (그리고 엄청 작업을 걸고 있더라도) 남자들은 대부분 그것을 공식적인 데이트라고 여기지 않는다. 그리고 그건 좋은 일이다. 남자가 뭔가 완벽하게 해야 한다는 부담감을 느끼지 않을 때 비로소 여러분과 함께 있는 시간에 제대로 집중할 수 있으니까! 자, 작업 전략을 써먹을 때가 왔다! 유일한 문제점은, 그저 텔레비전 앞에 죽치고 앉아 비디오게임을 하는 데 만족하는 남자애들이 많다는 거다.

그러니 여러분이 직접 나서서 뭘 하고 놀지 찾아봐야 할 것이다.

(이른바 주요 작업 기간이라고 알려져 있는) 집단 데이트를 몇 번 하고 나면, 남자가 암시를 눈치채고 직접 계획을 짜기 시작해야 한다. 이봐, 그 남자애에게 작업을 걸면서 함께 시간을 보냈잖아, 안 그래? 그 남자애가 아이디어를 떠올리지 못하면 도와줘라. 다 함께 공원에서 바비큐 파티를 열면 정말 재미있겠다고 말하는 거다. 등을 떠미는 것도 남자애의 용기를 살짝 북돋워 주는 방법이다. 그 남자애가 관심을 보이면, 함께 구체적인 계획을 짤 수도 있다. (이것도 그 남자애를 더 알아 가는 한 방법이다.) 상대가 여러분만큼 노력을 들인다면, 서로 협력하는 데 아무 문제 없다. 모두 협력의 문제다!

여자들 이야기

부담 없는 재미

"편안하고 재미있는 데이트가 최고의 데이트다. 부담이 없으니까. 아직 이 남자가 내 남자라는 확신이 서지 않는다면 집단 데이트를 하는 것이 최고의 방법이다." _알렉스, 19세

계절과 장소를 불문하고
언제나 효과적인
최고의 집단 데이트 세 가지

대도시에 있어야 꼭 쿨한 일을 할 수 있는 것은 아니다. 고정관념만 깨면 된다. 다음 아이디어들을 시도해 봐라. 저녁 식사와 영화를 제외한 데이트를 몇 번 하고 나면 여러분 스스로 발동이 걸려 독창적인 데이트 방법을 찾아낼 수 있을 것이다.

1. 가까운 동물원, 천체 관측소, 박물관에 가라
수준 낮게 들릴지 모르지만, 함께 산책도 하고, 스마트함도 자랑하고, 자신의 관심사를 드러내는 데 이보다 더 나은 곳은 없다. 게다가 내내 손을 잡고 있을 수 있다! 그리고 여러 사람이 같은 공간에 갇혀 있는 것도 아니고, 영화관과 달리 사랑하는 남자친구와 제대로 대화를 나눌 수도 있다. 단, 학생 할인이 있는지 꼭 물어봐라. 대부분 청소년 할인 티켓이 있으니까.

2. 보드게임
약간의 건전한 경쟁만큼 재미를 더해 주는 것도 없다. 스크래블 보드게임을 하든, 포커를 치든, 제스처 게임을 하든, 팀을 나누어 승부를 가리는 게임을 하는 것은 정말 즐겁다. 먹을거리를 준비하는 것도 잊지 말 것! 탄산음료, 감자칩, 초콜릿은 언제나 어울린다.

3. 라이브 뮤직
여러분이 어디에 살든 라이브 공연을 들을 수 있는 곳이 있을 거다. 모든 이가 즐거운 시간을 보내는 데 음악만큼 좋은 게 없다. 정보지를 뒤져 지역 밴드가 연주하는 곳을 찾아봐라. 그리고 공연 입장표를 미리 사 두는 거다. 옆집에 사는 남자애가 굉장한 춤꾼이라는 것을 발견하게 될지도 모르고, 그렇지 않더라도 아이팟에 담을 만한 굉장한 음악을 만나게 될 거다.

이제 사람들은 만나서만 데이트를 하지 않는다. 직접 얼굴을 맞대고 만나는 만큼 많은 시간을 문자, 채팅, 페이스북, 이메일 등 온라인을 통해서 작업을 건다. 그런데 잘 알지 못하는 사람이나, 다른 고등학교에 다니는 친구의 친구가 페이스북으로 여러분에게 메시지를 보냈다면 어떻게 하겠는가? 사진도 완전 멋지고, 좋아하는 영화도 똑같고, 꽤 괜찮은 애라는 소문도 들리지만 실제로 만나 본 적은 없다. 어떻게 해야 할까? 온라인 정보가 다 그렇듯 위험 부담이 있으니……

• 메시지가 아무리 깜찍하더라도 절대 개인 정보를 알려 주지 마라. 여러분은 아무 남자에게나 주소와 전화번호를 주지 않을 거다. 그러니 온라인에서도 그러면 안 된다. 몇 달 정도 시간을 두고 서로 알아 가기 전까지는 성도 알려 주지 말고 사진도 보여 주지 마라.

• 몇 달 정도 채팅했다면 이제 전화로 얘기할 때다. 채팅도 좋고, 시인 같은 감수성을 지닌 애라면 특히 근사했겠지만, 사람의 목소리도 많은 것을 말해 준다. 그러니 온라인 채팅뿐만 아니라 실제로 대화를 해 보는 것도 중요하다. 전화번호

를 알려 주지 말고 여러분이 전화하겠다고 해라. 어차피 서
로 얼굴을 맞대고 대화를 나누고 싶지 않나, 그렇지?

• 처음부터 부모님에게 온라인으로 교제한다는 사실을 알려
  라. 빠르면 빠를수록 좋다. 6개월 동안 채팅한 "남자친구"와
  만나러 가겠다고 불쑥 얘기하면 엄마가 엄청 화를 내실 거
  다. 그렇지만 처음 채팅을 시작했을 때부터 알고 있었다면
  엄마도 좀 더 편하게 받아들일 것이다. 그리고 채팅으로 교
  제한 남자애를 직접 만날 때는 꼭 공공장소에서 만나거나

부모님과 함께 가도록 해라. 뒤늦게 후회하는 것보다 미리 조심하는 게 낫다! 그 애가 정말 괜찮은 애라는 증거를 확보한 뒤에 부모님을 떼어 놓도록.

• 무슨 일이든 온라인 만남에서는 최대한 조심해야 한다. 바깥세상에는 무서운 사람들이 많다. 의심스러운 점이 있는 남자는 멀리 해라. 뭔가 꺼림칙한 기분이 든다면 대화를 시작조차 하지 마라.

여러분은 좋은 데이트 상대일까?

1. 세계사 수업에서 알게 된 킹카와 첫 데이트를 하기로 했다. 그 애가 새로 생긴 초밥 전문 레스토랑에 가자고 한다. 여러분이 아끼는 검은 드레스를 빼입고 나왔는데 남자애는 낡은 군용 반바지를 입고 나타났다. 여러분은 어떻게 하겠는가?

A. 패닉에 빠져 갑자기 몸이 안 좋다면서 데이트를 다음으로 미루자고 말한다.
B. 그 애를 위아래로 훑어보고는 언제 군대에 들어가기로 했냐고 묻는다.
C. 활짝 웃으면서 갈 준비가 다 되었다고 말한다. 데이트할 때마다 턱시도를 입으라는 법 있나? 게다가 그 애의 보조개는 그 추레한 티셔츠를 보상하고도 남는다.

2. 데이트 상대가 좋은 레스토랑에 데리고 가서는 먹고 싶은 거 아무거나 주문하라고 말한다. 여러분은 그 애가 지난여름에 용돈을 벌기 위해 아르바이트를 두 탕이나 뛰었다는 것을 알고 있다. 여러분은 어떻게 하겠는가?

A. 배가 별로 고프지 않다며 샐러드와 얼음물을 주문한다.
B. 로브스터를 주문한다. 비싼 것을 주문하지 않기를 원한다면 아무거나 주문해도 된다는 말을 하면 안 되는 것이다.
C. 스파게티 볼로네즈를 주문한다. 가격도 적당하고 게다가 몹시 먹고 싶었던 메뉴다. 검은 올리브와 마리나라 소스를 좋아하지 않을 사람이 누가 있겠는가?

3. 졸업 파티 날이다. 여러분은 지금 가장 괜찮은 친구와 함께 있다. 남자로서 좋아하는 애는 아니지만 오늘 최고의 멋진 밤을 보내게 해 줄 애다. 그런데 지난 3년 동안 여러분이 진심으로 좋아했던 남자애가 나타나 자기와 데이트하자고 말한다. 여러분은 어떻게 하겠는가?

A. 말을 더듬고 얼굴이 빨개진다. 무슨 말을 해야 할지 모르겠다.
B. 머리카락을 뒤로 휙 젖히고는 어디서 만나면 좋겠느냐고 묻는다. 친구(다시 말해 지금의 데이트 상대)는 혼자서도 괜찮을 거다. 어차피 그 친구도 뭔가를 기대하고 있었던 것은 아닐 테니까.
C. 웃음을 짓고는 몇 분 정도 잡담하다가 일행이 있다고 말한다. 그리고 다음 주 말에 보겠냐고 묻는다. 절대로 지금 데이트하고 있는 친구를 버리지 않을 것 이다.

4. 오랫동안 사귄 남자친구가 최신 자동차 모델을 타고 여러분을 데리러 왔다. 그런데 낭만적인 저녁 식사를 하러 와서는 남자친구가 내내 차 얘기만 한다. 여러분은 어떻게 하겠는가?

A. 가만히 듣기만 하다가 에피타이저를 먹으면서 남자친구가 가속 페달을 밟을 때 급가속을 느낄 수 있냐고 물으면 그냥 고개를 끄덕인다. 차에 대해 아는 게 아무것도 없는 데다 괜히 바보 같은 말을 하고 싶지 않으니까.
B. 웨이터가 주문을 받으러 오기 전에 싸움을 건다. 남자친구가 저녁 내내 마력 이 어떻고, 회전력이 어떻고 계속 지껄여 대는 것을 가만히 듣고 앉아 있으리 라고 생각했다면 오산이다. 웨이터가 아직 물도 안 갖다 준 것을 남자친구가 알기는 할까?
C. 참는다. 적어도 오늘 저녁은. 물론 계속 차 얘기만 하는 것이 거슬리기는 하지 만 남자친구가 행복하면 나도 행복하다. 하루 저녁 정도는 자랑질해도 된다. 어쨌든 남자친구가 꿈꾸던 차 아닌가. 여러분도 좌석에 히터가 들어오는 게 마 음에 들긴 하다. 게다가 디저트로 주문한 초콜릿 아이스크림이 아주 맛있다.

5. 친구들과 함께 어울려 놀고 난 뒤, 데이트 상대가 내일 아침 시험이 있어서 일찍 자야 한다고 말한다. 다른 친구들은 피자를 먹으러 가겠다고 한다. 여러분도 10시는 넘어야 들어가리라고 생각했다. 여러분은 어떻게 하겠는가?

A. 실망하기는 했지만 남자친구가 바래다주고 나서 치즈 햄버거를 먹으면 된다.
B. 남자친구에게 변변찮은 녀석이라고 욕해 주고는 어차피 내일 시험을 잘 보지 못할 거라고 퍼붓는다. 문자 보낼 때 맞춤법조차 제대로 못 맞추면서!
C. 시험 잘 보라고, 행운을 빈다면서 다른 친구 차를 얻어 타고 가겠다고 말한다. 남자친구가 잠을 푹 자고, 내일 시험에서 A를 받기를 원하니까. 그런 다음 남자친구와 함께 피자를 먹겠다.

6. 지난해 스페인어 수업을 같이 들었던 남학생이 몇 달 동안이나 데이트하자고 조른다. 따분한 애라고 생각하기는 하지만 결국 승낙하고 만다. 그 남학생과 영화관에 갔는데 옛 남자친구가 새로 사귄 여자친구와 함께 들어서는 걸 봤다. 여러분은 어떻게 하겠는가?

A. 완전히 얼어 버린다. 데이트 상대가 계속 무슨 일이냐고 묻지만 대답할 수가 없다.
B. 옛 남자친구와 눈을 맞추고는 데이트 상대와 스킨십을 하며 질투를 유발한다. 옛 남자친구가 여러분이 다른 남자와 같이 있다는 사실을 참지 못하리라는 것을, 여러분이 오늘 섹시해 보이리라는 것을 알고 있다.
C. 옛 남자친구에게 손을 흔들고는 옆에 있는 여자친구에게도 인사한다. 계속 대화를 나누고 싶지는 않지만 어쨌든 지금의 상황을 받아들일 수는 있다.

7. 꽤 멋진 레스토랑에서 데이트하고 있는데 핸드폰이 울린다. 절친이다. 그 친구는 지금 휴가 여행 중이라서 2주 동안 얘기를 못 나눴다. 무척 반갑고 그 친구와 얘기를 나누고 싶은 마음이 굴뚝같지만 아직 치킨 요리도 다 먹지 않았다. 여러분은 어떻게 하겠는가?

A. 어찌할 바를 몰라 우물쭈물한다. 벨이 여덟 번 울리더니 결정을 내리기도 전에 음성 녹음으로 넘어간다.
B. 물론 전화를 받는다. 2주 동안이나 얘기를 못 나눴단 말이다! 데이트 상대도 내가 절친의 전화를 씹기를 바라지 않을 것이다.
C. 음성 녹음으로 넘어가게 놔두고는, 친구에게 언제 집으로 돌아가는지, 언제 얘기를 나눌 수 있는지 문자 좀 보내겠다고 데이트 상대에게 말한다. 다른 사람과 저녁 식사하다 말고 친구와 2시간짜리 전화 통화를 하며 회포를 풀고 싶지는 않다.

핸드폰 끄기

대부분 A: 겁쟁이형

당신은 긴장을 좀 풀고 모든 남자의 이상형이 되어야 한다는 걱정을 내려놓을 필요가 있다. 안 그러면 영영 재미있는 시간을 보내지 못할 것이다. 수줍은 것은 괜찮지만 자기 의견을 말하는 것이 꼭 예의 없는 행동은 아니라는 것을 기억해라. 내 시간을 할애할 만한 가치가 있는 남자라면, 자기 의견을 말할 수 있는 여자를 좋아할 것이고 다른 사람의 의견을 존중할 것이다. 일단 자기 의견을 솔직하게 말하기 시작하면 앞으로 더 그래야겠다고 발견하는 자신에 놀라게 될 것이다.

대부분 B: 공주형

당신은 완전히 공주다. 당신에게 아직도 데이트를 신청하는 남자가 있다는 게 놀라울 뿐이다. 모든 것을 자기 위주로 하면 어떻게 다른 사람과 함께 있는 시간이 즐거울 수 있을까? 당신은 데이트 상대를 너무 비판적으로 보는 것을 그만둘 필요가 있다. 그리고 데이트 신청을 받았어도 기본적인 예의를 지킬 필요가 있다는 것을 기억해라. 안 그러면 첫 데이트가 마지막 데이트가 될 테니까.

대부분 C: 당신은 완벽한 데이트 상대다!

당신은 친절하고, 너그럽고, 거의 모든 것에 마음을 열 준비가 되어 있다. 당신은 어디에 있든, 누구와 있든, 무슨 옷을 입고 있든 즐거운 시간을 보낼 수 있는 사람이다! 당신 같은 사람과 함께 시간을 보내고, 힘들게 번 돈을 기꺼이 쓰고 싶어 하지 않을 남자가 있을까? 다만 너무 순간을 만끽하는 데만 휩쓸려 장기적으로 원하는 것을 놓치지 않도록 조심해라. 당신만큼 훌륭한 남자를 만날 자격이 있으니까!

버네사 미닐로Vanessa Minnillo(미국의 배우, 모델)가 좋은 데이트 상대인 이유는 뭘까? 그녀는 "사랑하는 사람과 함께 있을 때는 핸드폰을 꺼라."라고 말한다. 완전히 섹시한 킹카를 붙잡는 비법은 여러분에게는 그 남자가 세상의 전부라고 믿게 만드는 것이다!

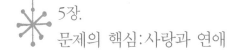

5장.
문제의 핵심:사랑과 연애

모든 일이 잘 풀리면 결국 데이트에서 연인 관계로 이어진다. 그렇지만 어떻게? 어떻게 순조롭게 연인 관계를 시작할 수 있을까?

새로운 관계를 시작할 때 기억해야 할 가장 중요한 사실은 서두르면 안 된다는 것이다. 이것은 생각보다 어려운 일이다. 내 경우 어떤 남자에게 빠졌을 때마다, 처음에는 그 남자와 일주일 내내 매일 단 하루도 빠짐없이 하루 24시간 같이 있고 싶어 했지만, 3주 정도 지나면 그 남자와 함께 있는 시간이 지루해서 미칠 지경이 되고는 했다. 거의 모든 관계가 처음에는 짜릿한 흥분으로 시작된다는 것을 누구나 기억할 것이다. 다들 그 증세들을 알 것이다. 누가 그 애의 이름을 입에 올릴 때마다 웃음이 피어나고, 하루 종일 그 애가 전화해서 '안녕' 하고 말해 주기를 기다리며 보낸다. 그렇지만 몇 주 동안의 데이트가 즐거웠다고 나머지 인생을 버리지는 마라.

얼마나 데이트를 해야 연인 관계를 시작할 준비가 되었다고 할 수 있는지에 대한 정확한 비율은 없다. 커플마다 다르다. 중요한 것은 상대와 함께 있을 때 행복하고, 안전하고, 편안하다고 느끼느냐 하는 것이다. 그렇지만 다음 단계로 넘어갈 마음의 준비가 되었다

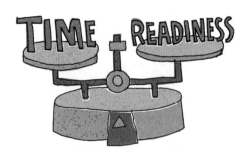

고 절대 서두르면 안 된다. 원하지 않는다면 굳이 공식적으로 "우리 이제 사귀자."라는 말을 할 필요는 없다. 상대방에 대한 진심을 여러분 나름의 방법으로 전달하면 된다. 다만 그 애도 같은 마음인지 확인해라. DJ AM은, "어떤 남자를 좋아하게 되면, 안 그런 척하는 대신 '너에게 홀딱 반했어'라고 말하는 것이 중요하다."고 말한다. 밀고 당기기는 아무 도움도 되지 않는다.

여자들 이야기
여자들이 원하는 남자

"나는 뛰어난 유머 감각이 있되 진지할 줄도 아는 남자를 원한다. 절친처럼 서로 어떤 얘기든 나눌 수 있어야 한다. 싸울 때에는 솔직하게 얘기하며 누구나 실수를 저지를 수 있다는 것을 인정하고, 전화해서 그저 잘 자라는 인사말을 하는 것처럼 사소한 일들을 할 줄 아는 남자여야 한다. 함께 있으면 무척 즐겁지만, 때로는 서로 떨어져 있을 줄도 알아야 한다." _리즈, 17세

남자들의 솔직한 이야기

인생은 텔레비전 드라마가 아니다

"나는 아주 극적인 여자들과 사귀어 봤는데, 시간 낭비였다. 끝이 없는 드라마는 진이 빠지게 한다. 그냥 함께 있는 순간을 즐겨라. 나는 많은 드라마가 불안에서 나온다고 생각한다. 아마 그것이 세상에서 가장 분위기 깨는 일일 것이다."_애덤 리바인, 가수

"관계를 있는 그대로가 아니라 극적으로 만들려고 하지 마라. 왜 여자애들은 텔레비전 드라마 같은 관계를 원하는 걸까? 그런 드라마는 너무 버겁다."
_조슈아, 16세

"여자애들은 작은 일에도 흥분한다. 진정하라고. 대부분 별거 아닌 일들인데도, 여자애들은 꼭 세상이 끝난 것처럼 군다. 그게 정말 나를 지치게 만든다."
_토니, 17세

내 남편의 한마디

남자가 여자친구를 원하지 않는 이유

나는 고등학교 때 여자친구가 있으면 좋겠다고 생각하기는 했지만, 너무 진지한 관계는 원하지 않았다. 바람둥이가 되고 싶었다는 뜻이 아니라 나는 그저 남자애들하고 어울려 놀거나 스포츠를 하거나 비디오게임을 하는 게 좋았을 뿐이다. 그런 일들은 여자친구와는 할 수 없다. 내가 어떤 여자애를 '여자친구'로 삼고 싶어 하지 않았다고 해서 그 여자애를 좋아하지 않았다는 뜻은 아니다. 다만 너무 진지한 관계를 시작할 마음의 준비가 되어 있지 않았을 뿐이다.

성공적인 연인 관계를 맺는 데 도움이 될 충고 네 가지

좋은 관계는 모두 결국 균형의 문제다. 남자친구와 함께 시소를 탄다고 상상해 봐라. 시소의 목적은 땅에 엉덩방아를 찧거나, 튕겨 날아가지 않고 모두 공중에 떠 있는 것이다. 아래 네 가지 충고는 좋은 균형감과 편안함을 위해 꼭 필요한, 시소의 쿠션 같은 것이다!

1. 나와 의견이 다른 것을 받아들여라

진부한 말처럼 들릴지 모르지만, 사실 정말 좋은 충고다. 아무리 사랑에 푹 빠져 있더라도 두 사람은 서로 타인이고, 그것은 때로 두 사람의 의견이 다를 수밖에 없다는 것을 뜻한다. 여러분은 오믈렛을 아침 식사에나 어울리는 음식이라고 생각하고, 상대방은 오믈렛을 저녁 식사에 딱이라고 생각한다 해서 너무 신경 쓰지 마라. 그런 사소한 의견 차이는 그냥 무시해라. 그럴 수 없다면 오믈렛에 대해 생각이 같은 사람을 찾아봐라.

2. 상대를 있는 모습 그대로 사랑해라

그 애가 자신이 가장 아낀다는 흉측한 야구 모자를 하루도 빠짐없이 쓰고 다녀서 미칠 것 같더라도 절대 싫은 소리 하지 마라. 정말로 못 참겠다면, 여러분 마음에도 들고 남자친구도 좋아할 만한 모자를 생일 선물로 사 줘라. 아니면 그냥 신경 꺼라. 그것은 그냥 모자일 뿐이며, 여러분이 데이트하는 것은 그 모자가 아니라 그 모자를 쓰고 있는 사람이다. 여러분을 괴롭히는 다른 사소한 것들도 마찬가지다. 그것은 그 애의 일부분이므로 그것을 바꾸려고 해서는 안 된다. 그런 사소한 것들로 인해 처음에 그 애에게 푹 빠지게 되었을 것이고, 그 애가 복제 인간이 되는 것을 여러분도 원하지 않을 테니까. (상대방도 마찬가지다. 남자친구가 하이힐을 신고 다녔으면 좋겠다고 말해도 신경 쓰지 마라. 여러분이 플랫슈즈를 좋아한다면 그냥 계속 플랫슈즈를 신어야 하고, 남자친구도 그것에 만족해야 한다.)

3. 남자친구 안에 숨겨진 페미니스트를 끄집어내라

페미니즘은 나쁘다고 생각하는 남자는 아직도 중세 시대를 사는 사람이다. 왜 여러분이 똑똑하지 못하고, 덜 독립적이고, 덜 열정적인 여자가 되기를 원한단 말인가? 여러분의 남자친구는 자기 여자친구가 자기만의 생각을 가진 여자라는 사실을 자랑스럽게 여겨야 한다. 여러분이 데이트하는 남자는 여러분을 진심으로 존중하는 사람이어야 한다는 것을 명심해라. 여러분은 그보다 못한 대우를 받아서는 안 된다.

그래, 나도 안다. 이건 엄마들이나 하는 소리다. 그렇지만 진심으로 하는 충고다. 왜 여러분이 진짜 어떤 사람인지도 알지 못하는 남자와 함께 있고 싶어 할까? 다른 사람처럼 행동하는 것은 사람을 완전히 지치게 만드는 일이다. 게다가 여러분은 원래 모습 그대로 충분히 멋지다. 만약 그것을 깨닫지 못하는 남자라면 전화번호를 누르는 시간마저도 아깝다. 데이트하고 헤어질 시간이 다 되었는데도 둘 사이의 공통점을 하나도 발견하지 못했다면 앞으로도 둘의 관계는 즐겁지 못할 것이다. 함께 있는 시간이 너무 지루해서 자신의 이름조차 잊어버릴 지경이라면 상대는 그다지 매력적인 남자가 아니다. 쓸데없이 귀찮은 일을 만들지 말고 처음부터 자신의 진짜 모습을 있는 그대로 보여 줘라.

널 위해서라면 뭐든지 할 수 있어

내가 아끼는 친구 어맨더가 위 제목 같은 상황에 빠진 적이 있었다. 졸업반 때 그 친구는 진심으로, 미친 듯이, 닉한테 푹 빠져 있었다. 잘생긴 데다, 멋진 괴짜였던 닉은 비디오게임, 1970년대 펑크록, 만화책을 좋아했다. 어맨더는 반대로 발레, 1980년대 복고풍 음악, 제인 오스틴을 좋아했다. 그렇지만 어맨더는 닉을 무척 좋아했기 때문에 비디오게임, 펑크록, 만화책을 좋아하기 시작했고, 예전에 자기가 좋아했던 것들은 잊은 것처럼 보였다. (언젠가 어맨더가 사는 집에 갔을 때 닉과 둘이 일본 만화영화 〈아키라〉를 보고 있는 것을 보고 기절하는 줄 알았다.) 두 사람은 잘 지냈다. 한동안은.

그렇게 6개월이 금방 지나갔다. 닉과 어맨더는 거의 4개월 동안 공식적인 커플이었다. 그렇지만 어맨더가 아무리 애를 써도 산악 사이클링이나, 나쁜 놈을 마구잡이로 쏘아 대는 컴퓨터게임이 좋아지지 않는다는 사실이 드러났다. 닉은 어맨더의 참모습을 알지 못했고, 둘은 몇 주 동안 싸우다가 결국 헤어졌다. 그렇지만 최악은 그게 아니다.

닉이 다음으로 사귄 여자친구 소피는 우리와 종종 같은 영화관, 같은 장소에서 만났던 애였다. 그 애가 좋아하는 것도 민속음악이나 농구처럼 어맨더가 좋아하는 것들이었다. 다른 점은, 소피는 자기를 있는 그대로 표현하는 것을 두려워하지 않았고, 닉은 소피의 그런 점을 좋아했다는 것이다. 어맨더는 닉에게 자신의 참모습을 알게 될 기회조차 주지 않았던 것이다. 만약 그랬더라면 닉과 어맨더는 정말 멋진 커플이 되었을지 모른다. 닉은 진짜 어맨더를 만나지 못했기 때문에 진짜 어맨더를 좋아할 수 없었던 것뿐이다.

사람은 경험으로 배우는 법. 어맨더가 다음으로 사귄 남자친구는 어맨더가 대학교 2학년 때 아랫집에 살았던 섹시한 남자였는데, 그는 어맨더의 참모습을 알게 되었다. 둘은 지금도 사귄다.

에이브릴 라빈, 그리고 어맨더의 말을 빌리자면, "좋아하는 남자가 있는데 그 남자가 자기를 좋아하게 만들려면 다른 옷을 입어야 할 것처럼 느껴진다면 그 관계는 제대로 굴러가지 않을 것이다. 그와 함께 있을 때도 자기 자신이 될 수 있어야 한다."

"만약 당신이 남자가 원할 것 같은 스타일의 사람이 되려고 애쓴다면 그는 당신의 진정한 모습을 알지 못하게 된다. 나는 내가 부족한 사람이라고 생각했기 때문에 '더 나은' 사람처럼 보이려고 하얀 거짓말을 하고는 했다. 그러다가 내 진정한 모습을 보여 주지 않았기 때문에 그녀에게 진짜 나를 좋아할지 말지 선택할 기회조차 빼앗았다는 것을 깨달았다." _DJ AM

"나는 자기 자신을 너무 진지하게 생각하지 않는 유머 감각이 있는 여자가 좋다." _엔리케 이글레시아스, 스페인 가수

"누구에게나 멋진 점이 있다. 그렇지만 나는 재미있는 여자가 좋다. 심하게 웃길 필요는 없지만 적어도 유머를 즐길 수 있어야 한다. 내가 농담을 하는데도 알아듣지 못하는 사람하고 같이 있는 것만큼 끔찍한 일은 없다. 그건 가장 기분 잡치는 일이다." _애덤 브로디, 미국 배우

로맨스에
꼭 와인, 장미, 촛불이 필요한 게 아니다

〈섹스 앤 더 시티〉 스타일로 데이트를 할 돈이 없다고 해서 사랑을 못 하는 것은 아니다. 다음의 아이디어로 여러분만의 로맨틱한 랑데부를 시작해 봐라.

직접 만든 요리로 마법을 일으켜 봐라

낭만적인 저녁 식사를 위해 꼭 인기 있는 새로 연 레스토랑을 예약해야 하는 건 아니다. 사실 남자친구에게 직접 요리를 해 주는 것이야말로, 여러분이 그 남자친구를 얼마나 아끼는지 보여 주는 가장 사려 깊은 방법이다. 남자친구가 좋아하는 음식을 요리해서 함께 즐겨라. 남자친구가 어떤 요리를 좋아하는지 모른다면, 아니 남자친구가 좋아하는 돈가스를 어떻게 요리하는지 모른다면, 그냥 둘 다 좋아하는 요리를 해라. 맛 좋은 스테이크 요리와 초코 퍼지 아이스크림만 있다면 군침 흘리지 않을 남자가 없을 것이다!

낭만적인 영화를 봐라

분위기를 띄우는 데는 사랑 영화만 한 게 없다! 〈사랑과 영혼〉이나 〈더티 댄싱〉 같은 고전 영화를 빌려 온 다음, 팝콘과 담요를 준비해라. 어때, 즉석 로맨스 아닌가!

별을 보며 하이킹을 떠나라

어머니 대자연의 품에 몸을 맡기고 낭만적인 밤을 만들어 봐라. 가까운 공원에서 담요를 깔고 앉든, 도시의 불빛을 벗어나 멀리 떠나든, 별이 빛나는 밤은 모든 연인의 감성을 풍부하게 해 준다.

추억 여행을 떠나라

둘이 사귄 지 좀 되었고, 그동안 했던 데이트 가운데 특별히 기억에 남는 데이트가 있다면 남자친구와 함께 "가장 행복했던" 순간으로 시간 여행을 떠나라. 텔레비전으로 축구 시합을 보는 것이든, 정통 이탈리아 레스토랑에서 젤라토를 먹는 것이든, 특별히 좋았던 데이트를 재현해 보는 거다. 그러면서 남자친구가 사르르 녹는 것을 지켜봐라.

사랑이라는 말

사랑이란 두 글자는 그 어떤 말보다 큰 반응을 끌어낼 수 있는 말이다. 남자친구에게 사랑한다는 말을 하는 것은 정말 큰 발전이다. 그렇기 때문에 진지한 관계로 발전하기까지 시간이 필요한 것처럼, 사랑한다는 폭탄선언을 하기 전에도 관계가 무르익을 시간이 필요하다. 너무 일찍 그 말을 하면, 두 사람 모두 부담스러워질 수 있고, 가끔은 관계를 아예 망쳐 버리기도 한다. 충분히 오래 사귀었을 때까지 기다려라. 보통 4개월에서 6개월 정도 사귀어 봐야 한다. 그때쯤 되어야 그 말이 정말 의미가 있을 뿐 아니라, 진심을 표현할 만큼 서로 잘 알게 된다.

내가 그대를 얼마나 사랑하는지 아나요?

여러분은 그 남자애에게 완전히 미쳐 있고 스스로 자신이 사랑에 빠졌다는 것을 잘 알고 있다. 이렇게 온 세상에 대고 정말 멋진 남자라고 외치고 싶게 만드는 사람이 또 나타날까? 여러분은 오로지 그 애 생각뿐이고, 이 마음을 고백할 준비가 되어 있다. 그렇지만 그 애가 어떻게 반응할까? 몇 가지 예상 가능한 반응들과 그에 대처하는 방법을 소개하겠다.

남자들의 솔직한 이야기
사랑의 감정

"내가 처음 여자친구에게 사랑한다고 고백했을 때 그 애는 울려고 했다. 지금은 그게 좋다는 뜻이라는 걸 알지만 그때는 그 애가 화난 줄 알았다."

A. 한마디도 하지 않는다

그 애는 사랑을 겁내고 있는 건지 모른다. 영화에서 보다시피, 남자들은 사랑에 빠지는 것이 곧 결혼하고, 개를 키우고, 회계사로 일하는 것을 뜻한다고 이해한다. 그렇지만 물론 여러분이 원하는 건 그게 전혀 아니다. 이럴 때는 "날 웃게 만드는 너를 사랑해."라든가, "네가 라디오를 따라 노래 부르는 모습을 사랑해." 같은 표현을 쓴다면 남자친구가 현실의 사랑은 영화랑 다르다는 것을 깨닫게 될 테고, 둘의 관계도 잘 풀릴 거다.

B. "나도 널 사랑해."라고 말한다.

빙고! 그 애는 자기의 감정을 말할 준비가 되어 있고 여러분만큼이나 그 애도 여러분에게 미쳐 있는 거다. 이 순간을 즐겨라!

C. 웃음 짓거나 얼굴을 붉힌다 (아니면 둘 다)

그 애는 불안한 거다. "널 사랑해."라고 말하는 건 한 단계 올라가는 거고 아직 그럴 준비가 안 되어 있으니까. 그렇지만 불안해하는 것은 여러분에게 상처 주고 싶지 않다는 것이고, 여러분을 아끼다는 뜻이다. 괜히 아직 준비되지 않은 말을 하도록 강요하지 마라. 만약 그 애에게 너도 같은 감정이냐고 물으면 그 애는 사실이 아니라도 그렇다고 말할 거다. (이런 순간에 아니라고 말할 남자가 얼마나 될까?) 그럴 때는 그보다는 그 애에게 가볍게 키스하고 둘이 함께 농구하러 갔다가 오후 내내 공원에서 놀았던 날처럼 좋은 추억을 얘기하며 긴장된 분위기를 풀어라. 마음의 준비가 되면 그 애가 스스로 말하게 될 것이다.

"널 사랑해."라는 고백에 양념을 치려면?

남자친구 귀에 다른 나라 언어로 마법의 주문을 속삭여 봐라! 여러분이 도전해 볼 만한 20가지 언어를 알려 줄 테니 골라 쓰도록.

아랍어 : 아나 아헤바크
중국어(만다린어) : 워 아이 니
네덜란드어 : 이크 하우 판 여
핀란드어 : 미내 라카스탄 시누아
프랑스어 : 주 템므
독일어 : 이히 리베 디히
그리스어 : 사하보
하와이어 : 알로하 와우 이아 오에
힌디어 : 마이 툼 세 피아르 카르타 훙
헝가리어 : 세레트레크
인도네시아어 : 아쿠 사양 파다무
이탈리아어 : 티 아모
일본어 : 아이시테이마스
영어 : 아이 러브 유
폴란드어 : 코함 치엥
루마니아어 : 테 이우베스크
러시아어 : 야 찌뱌 류블류
스페인어 : 테 아모
스와힐리어 : 나쿠펜다
수화 : 자기 쪽으로 손등이 보이는 방향으로 손가락이
　　　모두 닿지 않게 손을 쫙 편 다음 중지와 약지를
　　　접어 손바닥에 갖다 댄다.

남자친구가 더 나이가 많을 때
나보다 나이 많은 남자친구를 사귈 때
해도 되는 것과 해서는 안 되는 것

내 친구 엘리자베스는 자기보다 어린 여자를 사귀는 남자들에 관한 이론을 갖고 있다. 자, 그 친구의 생각을 들어 보자.

"자기보다 어린 여자와 사귀는 남자들은 또래 여자를 만날 능력이 없는 루저들이야. 귀여운 열여섯 살짜리 여자애와 함께 있는 스무 살짜리 얼간이를 볼 때마다 그 여자애를 붙잡고 이렇게 말해 주고 싶어. '너, 얘가 어떤 앤지 아니? 너랑 같은 학년에 있는 애랑 다를 게 없는 남자야. (그리고 그 여자애가 같은 나이였다면 결코 데이트하지 않았을 법한 남자를 꼬집어 말해 주는 거야.) 너, 그 남자애와 데이트하고 싶어? 아닐걸.' 여자들이 또래 집단과 같은 맥락에서 나이 든 남자애를 보게 되면 그 남자에 대한 인상이 완전히 달라질 거라고 생각해."

엘리자베스는 대단한 것을 발견했다. 자기보다 어린 여자와 데이트하는 남자들 중에는, 자기가 뭔가 대단한 힘을 가진 것 같고 남자다운 것처럼 느껴져서 그러는 경우가 많다는 것이다. 남자다운 게 뭔지는 몰라도. 그리고 자기보다 나이 많은 남자를 매력적으로 느끼는 여자의 심리도 추측해 볼 수 있다. 돈도 많고, 자동차도 있고, 세상이 어떻게 돌아가는지 아는 남자와 함께 있는 게 좋은 것이다. 그렇지만 단지 몇 년 더 일찍 태어난 것뿐인 남자와 사귀고 싶지는 않을 것이다. 그러니 나이 많은 남자를 사귀기 전에 다음 세 가지 시험을 통과하는지 확인해 보길 바란다.

1. 친구들과 가족이 그 남자를 좋아하는가?
여러분의 절친과 부모님은 여러분이 상처받기를 절대 원하지 않는다. 그러니 친구들과 부모님의 경고에 귀를 기울여라. 그리고 그 말을 믿어라.

2. 내가 원하지 않는 일을 강요하고, 내가 양보하지 않으면 내가 너무 어려서 그렇다고 느끼게 만들거나 두려움을 느끼게 만드는가?
이것은 권력 싸움이고 아주 중요하고 무서운 경고 신호다. 남자친구보다 어리다는 이유만으로 모든 결정권을 내주고, 자신이 꼭 아기가 된 것처럼 느낄 이유는 없다. 절대! 되도록 빨리 이런 남자한테서 벗어나라.

3. 나와 같은 학년이었어도 그 남자와 데이트했을까?
난 이것을 엘리자베스 테스트라고 부른다. 또래 남자애 가운데 그 남자와 가장 비슷한 애가 누군지 살펴보고 그래도 그 애와 데이트하겠다는 생각이 든다면 정말 여러분의 타입일 수도 있다.

여러 남자를 만나는 것: 여러분은 바람둥이가 아니다
그저 좋아하는 사람이 많을 뿐이다

진지한 관계를 맺는 것이 모든 사람에게 맞는 것은 아니며(109쪽 "내 남편의 한마디"를 봐라), 원하지 않는데 억지로 한 남자에게 매여야 할 이유는 없다. 여러분이 진지한 관계를 원하는 사람이라고 해도, 여러 남자를 만나 보지도 않고 어떻게 자신에게 맞는 이상형을 찾을 수 있을까? 그렇지만 이런저런 이유로 사람들은 여러 남자와 데이트하는 여자를 욕한다. 무슨 말인지 알 거다. 남자는 주말에 여자 네 명과 데이트해도 "남자답다."는 말을 듣지만, 여자가 그렇게 하면 걸레 취급을 받는다. 이봐요, 성 평등은 어디로 간 거죠?

동등한 입장을 유지하는 열쇠는 이중적인 잣대를 버리는 것이다. 좋은 것이든 나쁜 것이든 여자에게 허용하지 않는 건 남자에게도 허용해서는 안 된다. 그리고 여러 사람과 데이트하는 것은 여러 사람과 자는 것과는 아주 다르다는 것을 기억해라. 사람들이 다르게 얘기한다면, 그건 아마도 자신의 데이트 방식에 확신이 없기 때문일 것이다. 게다가 자신의 데이트 상황에 대해 자기 자신만큼 잘 아는 사람은 없다. 어쩌면 여러분은 그저 작업 거는 것 자체를, 함께 어울려 노는 것을 좋아하는 것뿐인지도 모른다. 아니면 자신에게 맞는 남자가 어떤 남자인지 맛보기를 하고 있는 것인지도 모르

고! 자신의 행동에 스스로 떳떳하다면, 그리고 자기답지 않은 행동
이라고 느낄 이유가 없다면, 왜 다른 사람의 생각을 신경 써야 하
지? 괜히 여러분에게 시비 거는 사람이 있다면 자기 일에나 신경
쓰라고 말해 줘라. 아니면 그냥 무시하고 인생을 즐겨라.

기억할 점

남자들은 종종 여자들이 하는 걸 보고 배우기도 한다. 여러분이 다른 여자애 험담을 하면 그걸 본 남자들도 그렇게 할 거다. 그러니 좋은 본보기가 되어야 한다. 여러분이 아는 남자애들이 다른 여자애 험담을 하거나 비난을 하거든 가만두지 마라. 어떤 남자애가 어떤 여자애에 관해 나쁘게 말하는 소리를 듣거든 야단쳐라. 그 애는 잘못을 깨우쳐 줄 필요가 있다.

후킹 업Hooking Up≠로맨스

후킹 업은 데이트와 로맨스 사이의 회색 지대다. 사실 가장 애매한 문제다. 사람들은 "후킹 업"이라는 말을 쓰면서 그게 정말 무슨 뜻인지 제대로 알고나 있는 걸까? 사전이나 위키피디아에 정의가 나올까? 그 무엇도 여러분에게 필요한 것을 설명해 주지 못한다. 여기 멋진 소녀들이 내놓은 통찰력 있는 답을 들어 봐라.

"후킹 업은 섹스는 섹스인데 아주 우발적인 거다. 어떤 남자와 후킹 업 한다고 말하면 남자친구가 아니라는 뜻이다." _헐라, 16세

"후킹 업은 '잠만 자는 친구'와 같은 거다." _팸, 18세

"후킹 업 친구는 남자친구가 없을 때 섹스 상대다. 친구 사이는 맞지만 서로 정말 좋아하는 사이는 아니다. 그 친구가 졸업 파티 파트너가 되어 달라고 말할 일은 없다는 뜻이다." _키티, 16세

"내가 아는 친구 중에 완전히 낯선 사람과 섹스하는 애는 없다. 보통 같은 학교에 다니는 애다. 그야말로 원 나이트 스탠드 같은 섹스를 하는 거다." _니콜, 15세

소년들이 생각하는 후킹 업도 꽤 비슷하다.

"후킹 업은 섹시하기는 하지만 그렇다고 저녁을 사 줄 마음은 없는 애와 만나는 거다. 그저 섹스 상대이기도 하고 가끔은 그보다 조금 더 깊은 사이일 때도 있다." _에단, 17세

"나는 세 여자애와 후킹 업을 해 봤지만, 내 친구들 중에는 그보다 더 많은 여자애들과 후킹 업을 한 애들도 많다. 후킹 업은 섹스는

하되 로맨스는 없는 관계를 뜻한다." _리암, 17세

"가장 친한 친구와 후킹 업 했던 적이 있는데 그러지 않았더라면 얼마나 좋을까 후회한다. 그 일은 모든 것을 완전히 바꿔 놓았고, 그애는 나를 미워하기 시작했다." _제이크, 16세

좋다, 조금 도움은 되었지만 그래도 여전히 알쏭달쏭하다. 그렇지? 사람에 따라 저마다 다른 정의를 갖고 있기 때문이다. 그렇지만 내가 인터뷰했던 여학생들과 남학생들이 모두 공통으로 말한 게 하나 있다. 바로 후킹 업은 가벼운 관계를 뜻한다는 것이다. 충실한 관계는 싫고 그냥 즐기고 싶을 때 후킹 업을 하는 것이다. 누구의 독점이 아니므로 금요일 밤에는 이 남자와 후킹 업 하고, 그 다음 날에는 딴 남자와 후킹 업 할 수 있다. 그 남자가 내 남자친구가 되리라는 법도 없고 그 남자와 또다시 후킹 업 한다는 보장도 없다. 헌신이라는 건 아예 존재하지 않는다.

중요한 것은, 후킹 업이 새로운 현상이 아니라는 사실이다. 서로 사랑하는 사이가 아닌 사람과 몇 년 동안 섹스만 하는 이들도 있다. 그런데 최근 들어 십 대들의 후킹 업이 크게 이슈가 되고 있다. 모두 (특히 부모들) 왜 그렇게 난리일까?

즐기는 것도 좋지만, 누군가와 키스하고 스킨십을 하는 것은 중요한 일이다. 부모님 뜻대로라면 여러분이 아끼는 사람이자, 여러

분을 아끼는 사람하고만 섹스를 해야 한다. 고리타분해 보이겠지만 부모님은 여러분이 몸도, 마음도 상처받는 것을 원하지 않는다. 게다가 부모님에게 여러분은 그저 아무 남자하고나 후킹 업 하기에는 아주 특별한 존재고, 부모님은 여러분도 자기 자신을 소중하게 여기기를 바란다. 부모님의 걱정을 딱 한 마디로 말하면 이거다. "자기 자신을 과소평가하지 마라."

무엇보다 후킹 업이 연인 관계로 이어지지 않는다는 사실을 기억하는 것이 중요하다. 그러니 어떤 남자애가 마음에 들고 그 남자애와 사귀고 싶다면 그 남자애를 제대로 알아 가는 데 노력을 기울여라. 서로 알아 가는 단계에서 앞뒤 없이 달려들면 관계가 어색해질 수 있다. 그리고 먼저 데이트 시간을 갖지 않으면 그 남자애가 여러분을 정말 아끼는지 아니면 그저 노리개로 삼으려는 건지 알기 힘들다. 너무 서두르는 남자애에게 천천히 하자고 말하기를 두려워하지 마라. 그 남자애가 여러분을 정말 좋아한다면 여러분의 속도에 맞춰 줄 거다. 만약 그래도 속도를 늦추지 않는다면 그렇게 해 줄 다른 사람을 찾아봐라.

결국 중요한 것은, 그 남자애와 어떤 관계를 원하는지 여러분 스스로 결정해야 한다는 것이다. 여러분이 원하는 것이 남자친구인지, 그저 후킹 업 상대인지, 아니면 또 다른 것인지 자기 스스로 정해야 한다. 안 그러면 다른 사람이 정할 테니까.

심화 학습

후킹 업에 대한 생각은 사람마다 다르지만, 정말 중요한 것은 여러분 자신이 그것을 무슨 뜻으로 생각하느냐다. 자신의 경험을 바탕으로 한 것이든, 친구들의 생각을 바탕으로 한 것이든, 자신의 상상을 바탕으로 한 것이든, 아니면 이 모든 것의 조합이든 여러분만의 정의를 내려 봐라. 다음에 어떤 남자가 후킹 업 하겠냐고 물을 때를 대비해서 여러분만의 정의를 항상 기억해 두는 게 좋다. 그래야 일이 닥치기 전에 그것이 정말 무슨 뜻인지 알 수 있다.

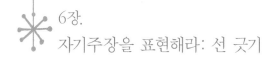

6장.
자기주장을 표현해라: 선 긋기

　남자친구와의 관계에서 자기 몸에 관한 한 여러분이 주도권을 가져라. "만약~", "그러니까~", "하지만~"이딴 거는 다 버려라. 어쨌든 여러분의 몸이니까 여러분이 책임자다. 바로 그렇기 때문에 성적인 선, 육체적인 선을 스스로 정해 둘 필요가 있는 것이다. 그래야 여러분이 누구와 데이트를 하든 여러분이 원하는 것과 원하지 않는 것이 분명해진다.

　선을 정한다는 것이 왠지 구속처럼 느껴질 수 있다. 선을 그음으로써 자기 자신을 제한하는 것처럼 느껴질 수 있다. 그렇지만 사실은, 자신이 무엇을 편안하게 느끼는지 아는 것이 곧 자신을 자유롭게 하는 것이다. 그럼 한창 흥분된 순간에 뭔가 결정을 내려야 하는 부담을 느낄 필요가 없어진다. 그리고 아침에 깨어나 죄지은 기분이나 값싼 존재가 된 기분(여러분은 절대 그렇지 않다.)을 느낄까 봐 두려워할 필요가 없어진다. 선을 넘기 전에 자신이 어디까지 가고 싶은지 알기 때문이다.

　자기가 믿는 것, 받아들일 수 있는 한계, 허용할 수 없는 수준을 바탕으로 자신만의 선을 정해라. 그 선은 여러분이 어떤 사람인지를 크게 반영하는 것이고, 바로 그렇기 때문에 남자가 그 선을 존중하는 것이 아주 중요하다.

그래, 이론상으로야 다 좋다. 부모님한테서나 학교에서 성교육을 받았으니까. 그렇지만 지금 푹 빠져 있는 남자애한테 너무 내숭 떠는 사람처럼 보이거나, 남자애가 겁을 집어먹고 달아나지 않게 하면서 내 선을 분명하게 전달할 수 있는 방법이 뭘까? 모든 남자가 원하는 건 딱 한 가지 아니던가? (결국 섹스.)

좋은 관계라면 남자친구가 원하는 것은 딱 한 가지, 바로 여러분의 행복이다. 그리고 여러분이 남자친구를 얼마나 사랑하든, 남자친구가 여러분을 얼마나 간절히 원하든 상관없이, 아직 준비되지 않은 선을 넘으면 여러분은 행복하지 않을 것이다.

우리 아버지는 남자들이 원하는 건 다 똑같다고 말씀하시고는 했다. (아버지가 말씀하신 건 바로 그것이다.) 그리고 나와 데이트했던 남자가 다 그랬던 건 아니지만, 나를 좋아한다면서도 싫다고 거절했을 때 내 말을 귀담아들으려 하지 않았던 남자들도 더러 있었다. 그리고 솔직하게 말해서 그 일은 전혀 유쾌하지 않았다. 그런 남자들은 여러분이 사귀고 싶어 할 만한 유형이 아니다. 열여섯 살이든, 마흔 살이든, 진실한 관계는 존중과 믿음을 바탕으로 한다. 마음의 준비가 되지 않은 선을 넘으라고 강요할 만큼 여러분을 제대로 존중하지 않는 남자를 어떻게 믿을 수 있을까? 그 남자가 정말 원하는 것이 무엇인지 여러분 스스로 확신이 서지 않는다면 어떻게 자유롭게 행동할 수 있을까?

여러분과 사귈 만한 가치가 있는 남자라면 "이익"을 따지기 전에 여러분과 진지한 관계를 맺고 싶어 할 것이다. 그리고 여러분을 얻을 만한 가치가 있는 남자라면 여러분 자신이 바로 진정한 이익이라는 것을 알리라.

선을 지켜라

일이 닥치기 전에 미리 여러분의 육체적, 감정적 선이 어디까지인지를 스스로 정해라. 머릿속에 선을 뚜렷하게 그려 놓아서, 좋아하는 남자와 스킨십을 할 때 어디에서 끝낼지 스스로 알고 있어야 한다. 여러분만의 전투 지도를 그려 보는 것과 비슷하다. 여러분이 적지에 있다면 안전지대는 어디일까? 위험 지대에 들어갔을 때 퇴각하는 최선의 방법은 무엇일까? 지도도 없이, 아니면 기름도 가

항상 나는 여자들이 정해 놓은 선을 무척 존중했다. 내 친구들도 모두 마찬가지였다. 물론 여자친구와 스킨십을 하고 싶은 것을 참기 어려운 순간도 있었다. 남자는 다 그렇다. 그렇지만 나는 여자친구에게 상처를 주는 일은 절대 하고 싶지 않았다. 아직 준비되어 있지 않을 때 선을 넘으면 관계가 완전히 달라진다. 나는 스킨십을 할 때 그것을 꼭 명심했다. 여러분이 데이트하고 싶어 할 만한 남자라면 여러분이 정한 선에 반대하지 않을 것이다. 그리고 좋은 관계라면 꼭 여러분만 선을 긋게끔 만들지 않을 것이다. 남자친구도 여러분이 실수하게 만들거나 흥분한 상태에서 성급하게 굴기보다는 여러분을 도와야 한다. 만약 여러분을 돕지 않는다면, 남자친구가 정말 여러분에게 최선인 것을 원하는 사람인지 잘 따져 보기 바란다.

득 채우지 않고 장거리 자동차 여행을 떠나는 사람은 없을 것이다. 그렇다면 그 관계가 어떤 방향으로 가길 원하는지도 모르면서 관계를 맺는 이유는 뭔가? 자기 자신을, 자신의 육감을 믿어라. 그 남자애와 사귀고는 싶지만 진도를 천천히 나가고 싶은가? 키스하기 전에 그 남자애에 대해 더 잘 알고 싶거나, 데이트를 최소한 몇 번은 해야 한다고 생각하는가? 정말 곰곰이 잘 따져 봐라. 도움이 된다면 일기에 적어 봐도 좋다. 중요한 건 여러분의 느낌이라는 것을 기억해라.

자신만의 선을 정하고 나면, 남자친구에게 큰 소리로 분명하게 밝힐 필요가 있다. 남자친구에게 여러분의 선이 어디까지인지 말하지도 않고서 남자친구가 그 선을 지켜 주기를 바라는 것은 부당하다. 정식으로 자리를 마련해 얘기하고 싶은 사람도 있고, 아니면 영화를 보러 가는 길에 말하는 것이 더 편한 사람도 있을 것이다. 다만 딱 부러지게 말해야 한다. 예를 들어, 남자친구와 스킨십을 하는 게 멋질 것 같기는 하지만 딱 거기까지만이라고 말하는 거다. 실망은 하겠지만 남자친구는 극복할 수 있을 거다. 마음을 단단히 먹고, 남자친구의 귀여운 미소에 못 이겨 원하지 않는 일을 하지는 마라. 여러분이 진정으로 함께하고픈 사람이라면 여러분의 선을 지켜 주고, 여러분이 그 선을 넘도록 강요하지 않을 만큼 여러분을 존중할 것이다.

지금 이미 진지한 관계를 맺고 있는데, 자신이 원하는 것이 무엇인지 아직 확신이 없고 자신이 원하는 선에 대해 제대로 생각해 본 적이 없다면, 남자친구에게 생각할 시간을 달라고 부탁해라. 다음 단계로 넘어가기 전에 고민을 좀 해 봐야겠다고 말해라. 아직 생각해 둔 게 없다고 조급해하지 마라. 숨을 깊이 들이쉬고 자신에게 최선이 무엇인지 따져 보기에 너무 늦은 때는 절대 없다.

양방 통행

고정관념에 어긋나겠지만, 여자들만 선을 갖고 있는 것은 아니다. 남자친구가 여러분의 선을 존중해 주기를 바란다면 남자친구의 선도 존중해 줘야 한다는 것을 기억해라. 남자친구와 여러분의 선에 대해 얘기할 때는 혹시 남자친구에게 불편한 점이 있는지 묻는 것을 잊지 마라. 두 사람이 모두 마음의 문을 열면 서로 더 가까워지고 관계가 더 견고해진다.

싫은 건 싫은 거다

여러분도 이미 들어 본 말일 것이다. 더 얘기할 게 별로 없다. 설명이 별로 필요 없는 말이다. 이 말을 이해하는 데 학위 따위는 필요 없다. 여러분의 몸은 여러분 것이고, 누가 여러분의 몸을 만지는 것이 싫거나 심지어 너무 가까이 서 있는 것조차 싫다 해도, 그것은 어디까지나 여러분의 권리다.

여러분이 싫다고 말했다면 남자친구는 그 말을 들어야 하는 것이다. 싫다는 말은 "네가 계속 조르면 내가 양보할지도 몰라."를 뜻하거나, "그냥 너를 애태우려고 하는 말이야."를 뜻하지 않는다. 싫다는 말은 "지금 당장 멈추지 않으면 네 엉덩이를 걷어차 주겠다."는 뜻이다. 그러니 그 말을 하는 것을 두려워하지 말고, 예의 걱정도 하지 말고, 남자친구의 마음에 상처 줄까 걱정하지도 말고, 상대가 즉각 멈추지 않을 경우 여러분 자신을 방어하는 것을 두려워하지 마라. 싫다는 말은 통역이 필요 없으니까 남자친구가 그 말의 뜻을 파악하는 데 1초도 더 걸리지 않을 것이다. 남자친구가 바로 멈추지 않으면 소리치고 비명을 질러라. 만약 주위에 사람들이 있다면 남자친구를 창피하게 만들고, 걷어차고, 무슨 짓이든 해라. 싫다고 말했는데도 듣지 않았으니까.

싫다는 말 꺼내기

애비는 남자친구와 사귄 지 3개월 되었을 때 싫다는 말을 꺼내게 되었다. 애비의 남자친구 제프는 여자들에게 인기 있는 애였다. 축구팀 주장에, 모든 주요 과목 성적이 좋았다. 게다가 키는 180센티미터가 넘었고 아주 잘생겼다. 애비는 제프에게 푹 빠져 있었다.

제프가 잘하는 건 스포츠뿐만이 아니었다. 키스도 엄청 잘했고, 스킨십도 황홀했다. 그렇지만 애비는 진지한 관계가 되기 전에는 스킨십 이상은 하고 싶지 않았다. 그런데 어느 날 밤 일이 터진 것이다. 처음에 제프가 셔츠 위를 더듬기 시작해서 애비는 제프의 손을 뿌리쳤다. 그러자 제프는 좀 더 과격해지더니 키스를 하기 시작했다. 물론 손을 뿌리치는 것은 확실한 신호가 아니다. 그래서 애비는 키스하던 입술을 빼고는 "싫어. 멈추지 않으면 가 버릴 거야."라고 말했다.

그것은 명명백백한 표현이었다. 제프는 곧 사과했고, 애비는 자신의 선이 어디까지인지 분명하게 말했다.

둘은 4개월 더 사귀다가 헤어졌는데, 그 일 이후로 제프는 다시는 그렇게 밀어붙이지 않았다. 제프가 그랬다면 애비는 참지 않았을 거다. 사실 어느 날 밤에는 제프가 먼저 거리를 두었다. 지금 멈추지 않으면 자기를 통제할 자신이 없다고 말했던 것이다. 제프는 좋은 남자라고 할 수 있다. 어떤 여자든 제프처럼 여자를 존중할 줄 아는 남자를 만날 자격이 있다.

유명인의 말

"자신의 가치를 깨달아라. 작은 것에 안주하면 적게 얻는다."

_이만, 슈퍼 모델

"남자 문제에 관한 한…… 절대 자신의 원칙과 타협하지 마라."

_퍼기, 가수

배우 잭 에프론은 이런 말을 했다. 어머니한테 들은 최고의 충고는 "여자를 존중해라."라고. 모든 남자가 (그리고 엄마들도) 그래야 한다.

불행하게도 모든 남자가 제프 같지는 않다. 남자들은 대부분 여러분이 정해 놓은 선과 여러분의 몸을 존중할 테지만, 손버릇이 나쁜 남자도 더러 있다. 이런 남자들을 아주 조심해야 하고 스스로 자신을 지킬 줄 알아야 한다. 집단 데이트든, 일대일 데이트든, 그냥 어울려 놀 때든, 그 어떤 상황에서도 여러분이 꼭 기억해야 할 것이 몇 가지 있다.

1. 자기 자신을, 자신의 직감을 믿어라

이상한 느낌이 들면 정말 뭔가 잘못된 것일 수 있다. 그 느낌을 믿어라!

2. 잘 알지 못하는 사람이나 불안한 느낌이 드는 사람과 단둘이 데이트하지 마라

친구들이 졸라서 어쩔 수 없다며 친구들과 함께 데이트하자고 말해라. 고리타분하게 들릴지 모르지만 여럿이 있을수록 안전하다.

3. 부모님이나 형제자매가 없는 빈집에서 데이트하지 마라

다시 말하지만 여럿이 있을수록 안전하다.

4. 솔직하게 말하는 것을 주저하지 마라

남자친구가 여러분의 개인적인 공간을 침범하면 물러나라고 확실하게 말해라. 큰 소리로 "너무 가까이 와서 좀 불편해."라고 말하는 것이 좋은 방법이다. 그래도 상대방이 멈추지 않으면 소동을 부려 도움을 요청해라.

5. 주변에서 일어나고 있는 일을 주시해라

약물이나 술은 주변에 대한 지각력과 자기 자신을 방어할 수 있는 능력을 떨어뜨린다.

6. 핸드폰에 택시 회사 전화번호를 저장해 놓고 항상 택시비를 준비해 다녀라

곤란한 상황에 처했을 때 차가 없더라도 그곳에서 빠져나올 방법을 늘 대비해 두는 게 중요하다.

7. 호신술을 배워 둬라

비상시에 유용한 기술도 익히고 운동도 되는 좋은 방법이다.

싫다고 했는데도 말을 듣지 않는다면 그는 성 범죄자다. 성 범죄자라는 말은 너무 심하다 싶을지 모르겠지만 미국의 범죄 피해 조사에 따르면 강간 범죄의 3분의 2 정도가 지인에 의해 일어난다고 한다. 섹스나 성적인 행위를 강요하는 사람이 여러분이 아는 사람이라고 해서 성 범죄자가 아닌 것은 아니다.

강간은 정말 현실적인 문제이고 특히 십 대 청소년은 큰 위험에 처해 있다. 산타 모니카에 있는 UCLA 메디컬 센터에 있는 강간 치료 센터에 접수된 강간 사건 중에 십 대 강간 통계를 보면 꽤 무섭다. 강간당하거나 성폭행당한 십 대 대부분이 아는 사람에 의해 희생된다.

이 통계치 때문에 아예 집 밖으로 나가지 못할 만큼 겁을 먹을 필요는 없지만 누구와 함께 있든, 무엇을 하든, 주변 사람을 아주 조심하는 것이 얼마나 중요한지 보여 주는 자료다. 무슨 수를 써서라도 위험 상황에 처하는 것을 피해라.

그리고 성 범죄자를 늘 막을 수 있는 것은 아니라는 사실도 함께 알아 둬라. 자신을 지키기 위해 모든 수를 썼는데도 성폭행을 당하거나 강간을 당할 수 있다. 만약 피해를 당했을 때는 결코 여러분 잘못이 아니라는 점을 기억하는 게 중요하다. 절대 수치스럽게 생각할 필요도 없다. 여러분은 잘못한 게 없다. 강간범이 아는 사람이든 아니든 강간은 흉악 범죄다. 오직 여러분이 범죄의 피해자라는 사실만 기억해라. 그리고 여러분은 혼자가 아니며, 도움을 받을 방법은 얼마든지 있다.

여러분 자신이나 아는 사람이 강간을 당했다면……

성폭행을 당했거나 강간을 당했다면 119나 경찰에 신고해라. 병원의 전문가들이 여러분을 보살펴 주고 필요한 검사를 해 줄 것이며, 범인을 잡으려고 힘써 주고, 괜찮아질 거라고 안심시켜 줄 거다.

믿을 만한 사람에게 털어놔라

친구, 가족, 경찰, 성폭력 상담사가 강간의 육체적, 정신적 피해로부터 여러분을 도와줄 수 있다. 성폭행은 혼자 쉽게 "극복"할 수 있는 문제가 아니다.

성폭력 전담 직통 전화로 전화하거나 전문가의 도움을 구해라

어느 지역에나 성폭력 위기 관리 센터가 있다. 인터넷에 "성폭력"이라는 단어와 함께 여러분의 거주 지역을 입력하면 나올 것이다. 전화번호부를 살펴보거나 114에 전화해서 관할 지역의 성폭력 위기 전담 직통 전화번호를 알 수도 있다. 익명으로 정보와 도움을 얻을 수 있는 네트워크도 있다.

한국성폭력위기센터를 찾아라

02-883-9284로 전화하거나 웹사이트(www.rape119.or.kr)를 방문하면 된다. 비밀이 보장된다.

한국성폭력상담소 KSVRC도 있다

성폭력을 당한 후에 어떤 도움을 받을 수 있는지 알려 주는 곳이다. 웹사이트(http://www.sisters.or.kr)를 방문해 봐라.

심화 학습

지금 바로 동네에 있는 택시 회사 전화번호를 핸드폰에
저장해라. 친구들에게도 문자로 알려 줘라.

친구들

부모님

나

남자친구의 친구들

남자친구의 부모님

7장.
외부 간섭: 친구, 부모님, 그 밖의 요인들

　남자친구와 버스를 타고 있다고 상상해 봐라. 처음에는 승객이 별로 없어서 넓은 공간을 차지하며 몸도 자유롭게 뻗고 하고 싶은 대로 하며 데이트를 즐긴다. 그러다가 이런! 버스가 시내에 정차하자 열 사람이 버스에 올라탄다. 그리고 조금 있다가 또 열 사람이 탄다. 그리고 또 열 사람. 몇 번 더 정류장에 서고 나니 옴짝달싹 못하게 되어 버렸다. 숨 막혀 죽을 것 같다!

　연인 관계에서도 이렇게 만원 버스에서 압사당하는 듯한 느낌이 들 수 있다. 바로 부모님과 친구들이 여러분을 문 쪽으로 밀어 대는 버스 승객 같은 존재가 될 수 있다. 버스에 자리가 충분하다면야 함께 버스를 타고 가는 것이 즐거울 수 있다. 그렇지만 적당한 거리와 균형을 잃으면 여러분은 문 쪽으로 떠밀리는 기분이 들 것이다.

친구들의 힘

친구들은 남자 문제에서 꼭 필요한 존재다. 왜? 남자친구에게 차였을 때 여러분 곁에 있어 줄 이들이기 때문이다. 여러분이 남자친구를 찼을 때도 마찬가지다. 좋은 친구라면 기쁠 때나 슬플 때나, 여러 이별을 겪을 때마다 늘 여러분 곁에 있어 줄 거다. 친구는 여러분의 버팀목이고, 이 친구들을 버릴 만한 가치가 있는 연애는 없다. 게다가 좋은 남자친구라면 여러분에게 친구를 버리라고 절대 요구하지 않을 것이다. 좋은 남자친구라면 여러분의 친구도 인정해 줘야 하고, 성숙한 남자친구라면 여러분이 여자 친구들과 시간을 보낸다고 위협을 느끼지 않을 것이다. 봐라, 남자친구도 친구들이 있잖아! 물론 여러분도 남자친구에게 친구들을 버리라고 요구해서는 안 된다.

여자들의 싸움

영화 〈퀸카로 살아남는 법Mean Girls〉을 봤거나 고등학교에서 하루를 보내 봤다면 여자들이 얼마나 거칠어질 수 있는지, 그리고 여자들끼리 싸우게 만드는 중요한 원인이 바로 남자라는 사실을 알게 될 거다. 그렇지만 그 남자가 만능 신이 아니라면 (아마 그럴 리 없을 거다.) 친구와 싸워야 할 만큼 가치 있는 남자는 없다. 세상에는 30억이 넘는 남자들이 길거리에 널려 있다.

싱글의 제1원칙은 결코, 절대로, 친구의 남자친구를 탐내지 않는 것이다.

 싱글의 제2원칙은 결코, 절대로, 친구의 남자친구를 탐내지 않는 것이다.

꽤 간단하다, 그렇지? 불행하게도 이 원칙을 따르지 않는 여자들도 더러 있고, 이런 여자들이 여러분의 남자친구에게 집적대는 날이 올 수도 있다. 그렇지만 여자들끼리 전면전을 시작하기 전에 심호흡을 하고 한 걸음 물러서라.

남자들의 솔직한 이야기
나쁜 여자

"나는 여자들이 내 주위의 여자들 욕을 하는 것이 싫다. 나도 맞장구쳐 주기를 바라는 것 같은데, 나는 그런 일에 끼어들지 않을 것이다."_제이미, 16세
"여자들이 위선을 버렸으면 좋겠다. 나에게는 달콤한데 다른 여자들을 험담하는 여자들을 보면 정말 어떤 사람인지 종잡을 수 없을 것 같다."_콜린, 18세

 유명인의 말

"우정은 사랑보다 귀하다." _샤를 페기Charles Peguy, 프랑스 시인

친구가 여러분의 남자친구에게 집적댄다면
다음 세 가지 중 하나다
1. 여러분의 남자친구를 정말 좋아하고
   여러분을 괴롭히려는 것이다
2. 여러분의 남자친구를 정말 좋아하는데
   그것을 깨닫지 못하는 것이다
3. 여러분의 남자친구를 좋아하지도 않으면서
   여러분을 괴롭히는 것이다

본질적으로 1번과 3번은 결국 같은 거다. 그 친구는 여러분을 괴롭히고 싶은 거고, 남자친구가 그 구실이 될 수 있다는 점을 알아차린 것이다. 그런데 정말 왜 그러는 걸까? 아마 그 친구는 자신감

여자들 이야기
친구의 뒷마당에서 놀지 마라

"우리 중에 누가 먼저 어떤 남자애를 좋아하면, 나머지는 그 남자애를 건드리지 않는다." _마르타, 15세

"우리 친구들끼리 규칙이 있다. 친구의 전 남자친구와 지금 좋아하는 남자에게는 그 친구의 이름표를 붙여 놓는 것이다." _매들린, 18세

"지금도 그렇고 앞으로도 그렇고 우리 친구끼리 싸워야 할 만한 가치가 있는 남자는 없다." _레이시, 17세

이 부족하고 어떤 이유에서든 여러분에게 위협을 느끼는 걸지 모른다. 그 이유가 여러분의 외모일 수도 있고, 여러분의 성적일 수도 있고, 여러분의 친구일 수도 있고, 전부 다일 수도 있고, 또 다른 이유가 있을 수도 있다. 이유가 뭐든 간에 경쟁심과 불안이 바로 여러분의 남자친구에게 집적대게 만드는 기름 역할을 하고 있을 것이다.

바로 이 시점에서 여러분은 그 친구처럼 자신감이 없는지, 아니면 친구의 수작을 무시할 만큼 자신감도 있고 남자친구와의 관계에 대한 확신이 있는지 자문해 봐야 한다. 남자친구가 여러분을 좋아하고 (왜 안 그렇겠어?) 여러분도 남자친구를 좋아한다면 남의 것을 탐내는 그저 그런 나쁜 여자 때문에 걱정할 필요 없다.

"내게는 정말 멋진 친구들이 있다. 우리는 누가 먼저 어떤 남자를 좋아하게 되면 다른 사람은 모두 물러선다는 규칙을 지킨다. 만약 두 사람이 동시에 같은 남자에게 매력을 느끼는 일이 벌어지면 우리는 다 함께 터놓고 얘기를 나눈다. 남자 때문에 친구와 싸워야 한다면 그 친구는 진정한 친구가 아닐지도 모른다. 싸움으로 발전하기 전에 둘이 그 문제에 관해 솔직하게 얘기를 나눌 수 있어야 하는 것이다."

_로라, 23세

여러분과 친구가 동시에 같은 남자를 좋아할 때

여러분이 아끼는 친구가 여러분이 좋아하는 남자를 똑같이 좋아한다면 그건 완전히 다른 상황이다. 남자 때문에 우정을 망치고 싶지는 않을 테니, 둘이 솔직하게 터놓고 대화를 나눌 필요가 있다. 왜 그 남자애가 그렇게 좋은지? 그 남자애가 정말 둘이 싸울 만한 가치가 있는지?

최선은 둘 다 그 남자를 포기하는 것이다. 누가 그 남자애를 차지할지 정하는 일은 아이스크림 콘을 둘로 나누는 것과 같다. 결국 더러워지기 마련이다. 그보다는 함께 다른 남자를 찾아 나서라. 아니면 학교 친구들과 함께 어울려 놀아라. 그러면 더 재미있을 테고, 어쩌면 이 모든 소란을 일으킨 남자애보다 더 나은 남자애를 발견할지도 모른다.

친구들이 여러분의 남자친구를 싫어할 때

지난 6주 동안 푹 빠져 있는 남자애를 절친이 마구 욕하는 것만큼 끔찍한 일은 없다. 친구라면 내가 남자친구와 잘되는 것을 기뻐해야 하잖아, 안 그래? 왜 우리를 가만 놔두지 않는 거냐고? 보통 친구들이 여러분의 남자친구를 미워하는 이유는 다음 세 가지 중 하나다.

1. 여러분에게 안 좋은 남자라고 생각한다

만약 이 이유 때문이라면 여러분도 이미 알 것이다. 친구가 가만히 있었을 리 없으니까. 만약 친구들이 "너라면 더 좋은 남자를 만날 수 있어."라든가, "그 애는 너한테 맞지 않는 거 같아."라든가, "그 애는 너를 불행하게 만들 거야." 같은 말을 했다면 분명 여러분을 걱정하는 거다.

내 인생은 내 거야, 내 인생은 내가 결정해, 하며 싸우기 전에 왜 친구들이 그렇게 걱정하는지 잠깐 생각해 봐라. 어쨌든 여러분의 친구들이고 친구들은 그저 여러분이 최고의 남자를 만나기를 원하는 것뿐이니까.

남자친구가 여러분에게 못되게 구는가? 남자친구와 사귀기 전에는 절대 생각도 못 했을 일들을 하기 시작했나? 자기 자신을 바꿔야 할 만한 가치가 있는 남자는 없다. 그 어떤 남자도 여러분을 악용해서는 (감정적으로든, 정신적으로든, 육체적으로든) 절대 안 된다.

그러니 만약 앞에서 얘기한 일들이 벌어지고 있다면 친구들의 충고를 받아들여 남자친구와 헤어져야 한다. 만약 그게 아니라면 왜 그렇게 여러분의 남자친구를 반대하는지 친구들과 툭 터놓고 얘기해 볼 필요가 있다. 친구들의 느낌이 근거 없는 것이라면 여자끼리의 좋은 대화 시간이 문제를 해결해 주고 일을 바로잡아 줄 것이다.

2. 여러분이 남자친구와 함께 시간을 보내는 것을 질투한다

낯선 남자가 나타나 친구의 시간을 몽땅 빼앗아 간다면 친구들

"남자와의 데이트를 위해 남은 인생 전부를 버리지 마라."

_브룩 쉴즈, 배우

이 조금 불안해하는 것이 정상이다. 친구라면 여러분과 함께 있고 싶어 할 테고 (당연히 그래야지!) 여러분이 빠지면 재미없으니까. 만약 친구들이 질투하기 시작한다면 아마도 친구들이 여러분을 그리워하고 여러분과 더 많은 시간을 보내고 싶기 때문일 것이다.

친구들의 질투 문제를 해결할 수 있는 가장 쉬운 방법은 친구들과 보내는 시간을 늘리는 것이다. 그러면 친구들도 여러분의 연애를 더 기뻐해 줄 것이고 여러분의 연애도 더 행복해질 것이다. 그리고 여러분의 백마 탄 왕자님과 떨어져 있는 시간을 가지면, 연애에서 균형 감각을 얻게 될 테고 서로 상대방의 존재를 더 소중하게 느낄 것이다. 눈 뜨고 있는 내내 남자친구와 함께 있지 않는다면 남자친구가 여러분을 만났을 때 얼마나 행복해할지 상상해 봐라.

3. 여러분의 남자친구에게 마음이 있는 것이다

특별히 한 친구가 남자친구와 헤어지라고 자꾸 말한다면, 혹시 여러분의 남자친구에게 마음이 있는 게 아닌지 따져 봐라. (말로 표현하지 말고 마음속으로만) 여자들은 대부분 남자 문제에 관한 한 자기 친구에게 충실하기 때문에 이런 일이 아주 드물지만 그래도 있을 수 있는 일이다. 많이 고민해 본 결과 친구가 여러분의 남자친구를 좋아하는 것 같으면 그 친구와 이야기를 해 볼 필요가 있다. 그렇지만 "내 남자한테 손 떼!" 같은 말로 시작하지는 마라. 그런 말은 두 사람의 우정을 망치기만 할 거다. 어쩌면 그 친구는 자기가 여러분의 남자친구를 좋아한다는 것을 깨닫지 못하고 있을 수도 있다. 아니면 그 마음을 감추려고 애쓰고 있을 수도 있다. 그러니까 친구가 그런 감정을 극복하고 충실한 친구로 남을 기회를 줄 필요가 있다.

여러분이 친구에게 이 남자친구가 여러분에게 왜 좋은지 다 설명했는데도 계속 친구가 여러분의 남자친구를 헐뜯는다면 친구의 말을 그냥 무시할지, 그 친구와 관계를 끊을지 결정해야 할 것이다. 보통 우정이 사랑보다 오래가니까 남자 때문에 우정을 망치기 전에 되도록 오래 고민해라. 그렇지만 그 친구가 선을 넘었거나 더 이상 여러분에게 다정하게 굴지 못한다면 그다지 좋은 친구가 아닐지도 모른다.

그 애는 너한테 좋지 않아.

친구들에게 남자친구 소개하기

1. 작게 시작해라

절친 여섯 명과 함께 있는 자리에 남자친구를 데려오지 말고 (그럼 남자친구가 압도당한다!) 친구 두 명과 영화를 볼 때 살짝 남자친구를 초대해라. 사람 수가 적으면 남자친구도 덜 무서울 테고, 서로 알아 가기에도 더 좋을 것이다.

2. 남자친구와 여러분의 친구 모두 관심을 가질 만한 화제를 꺼내라

모두 본 영화가 있는지? 모두 닌텐도 위 게임을 좋아하나? 모두 좋아할 만한 것을 찾아봐라.

3. 볼링처럼 부담 없는 활동을 해라

그럼 서로 얘기를 나눌 수도 있을 테고, 볼링이 어색한 침묵을 깨는 데 도움이 될 것이다. 게다가 볼링을 정말 잘하는 사람이 얼마나 되겠어? 모두 프로 볼링 선수일 가능성은 별로 없으니까 분위기를 띄우기 위해 경쟁심을 부추기는 것도 좋은 방법이다.

4. 여러분의 친구들과 남자친구의 친구들을 모두 불러서 텔레비전으로 스포츠를 함께 봐라.

남자친구가 자기를 이미 좋아하는 사람들과 함께 있으면 (여러분 말고) 긴장을 푸는 데도 도움이 될 테고, 여러분의 친구들도 주변에 낯선 남자애들이 있으면 조심스럽게 행동할 것이다.

우정을 위해 중요한 것:

남에게 대접받고자 하는 대로 너희도 남에게 대접하라

친구가 여러분의 남자친구를 비난하면 얼마나 끔찍한지 여러분도 알 것이다. 친구에게 새 남자친구가 생겼는데 여러분 마음에 별로 들지 않는다면 이 기분을 잘 기억해 둬라. 그리고 그 남자친구가 위험해 보이는 게 아니라면 그냥 마음속에 담아 둬라.

"내가 사랑하는 남자는 나에게 하는 것처럼 내 친구들에게도 잘 해야 한다." _애슐리, 16세

남자친구가 여러분의 친구들을 멸시할 때

그냥 장난이든 아니면 정말 그 친구들을 싫어해서든 여러분의 친구들을 놀리는 남자는 쿨하지 못하다. 내 친구란 말이다! 내가 자기 친구들을 괴롭히면 기분이 어떻겠어?

남자친구가 선을 넘어 여러분의 친구에게 무례하게 굴 때, 기강을 바로잡고 친구들을 지켜 주느냐 마느냐는 여러분에게 달려 있다. 꼭 벌컥 화를 낼 필요는 없다. "예의 없게 뭐 하는 거야? 나는 네 친구들을 놀리지 않잖아!" 같은 말로 시작해라. 남자친구가 방어적으로 변하지 않으면서도 자기가 저지르고 있는 일이 무엇인지 깨닫게 해 줌으로써 내 친구에게 함부로 하는 것을 절대 참지 않을 것이며, 대신 남자친구의 친구들도 똑같이 존중하겠다고 말하는 셈이다.

페어런트 트랩:엄마, 아빠, 그리고 남자친구

남자친구와 관련해서 상대해야 하는 사람은 친구들만이 아니다. 벤 스틸러가 출연한 영화 〈미트 페어런츠Meet the Parents〉를 봤다면 여자친구의 부모를 만나는 일이 남자에게 얼마나 끔찍할 수 있는지 알 것이다. (물론 여러분한테도 끔찍하다는 것을 인정해라.) 그렇지만 남자친구를 정말 좋아한다면 부모님에게 남자친구를 소개하고 싶은 순간이 올 것이다. 그리고 그건 좋은 일이다. 엄마가 여러분의 남자친구가 얼마나 귀여운지도 알게 될 테고, 아빠도 남자친구가 온몸에 문신 같은 거 하지 않았다는 것을 알게 될 테니까. (만약 남자친구가 팔에 온통 문신을 했는데 부모님이 보수적인 분이라면 남자친구에게 스웨터를 입으라고 해. 적어도 처음 인사를 나

내 남편의 한마디
여자친구의 부모님 만나기

여자친구의 부모님을 만나는 일은 분명 데이트에서 가장 끔찍한 부분이다. 보통 아빠들이 엄마들보다 더 끔찍하다. 여자친구의 아빠가 나를 내려다볼 테고, 나는 이미 긴장한 상태고, 그래서 말을 더듬을 테고, 바보처럼 보일 것이다. 사실 아빠들은 그걸 즐기는 것 같다. 데이트에서 이 "부모님 만나기" 단계를 건너뛸 수 있다면 좋겠지만, 그것은 필요악이다. 일단 여자친구의 엄마를 내 편으로 끌어들이면 위험에서 꽤 벗어날 수 있었다.

누는 자리에서는 말이다. 이미 충분히 긴장되는 상황을 악화시킬 필요는 없으니까.)

어떻게 하면
남자친구가 현관에서 들볶이지 않게 할 수 있을까

남자친구를 정식으로 가족 모임에 초대하기 전에, 이미 남자친구는 몇 번쯤 여러분을 데리러 집에 찾아왔을 것이다. 그리고 여러분의 부모님이 과잉보호하는 부모라면 (정상이다.) 문에서 지키고 서 있었을 것이다.

여러분은 남자친구가 집에서 한 블록 떨어진 곳까지 왔을 때 여러분에게 전화하게 한 다음 집에서 달려 나가 남자친구의 차에 뛰어들고 싶은 유혹을 느끼겠지만 이것은 사실 나쁜 방법이다. 여러분보다도 남자친구에게 더 안 좋다. 부모님은 여러분이 왜 남자친구를 숨기려고 하는지 궁금해할 것이다. 그리고 남자친구가 뭔가 숨기려고 한다는 인상을 주게 된다. (부모님이 여러분의 남자친구가 보잘것없다는 것을 증명하기 위해 목록을 만드는 거 안 보이는지?) 그러지 말고 부모님에게 현관에서 여러분의 남자친구를 만날 때 지켜야 할 기본 원칙을 알려 줘라.

1. 스무고개는 불가
부모님의 모든 질문에 거부권을 행사할 수는 없다. 부모님이 궁

160

여자들 이야기

부모, 피할 수 없는 현실

"부모님이 나를 꽤 난처하게 만들기도 하지만 나는 피하지 않는다. 사귈 만한 가치가 있는 남자라면 여러분의 부모님을 만나고 싶어 할 거다. 그렇지 않다면 뭔가 잘못된 거다." _카리사, 17세

"부모님에게 남자친구를 소개하는 일은 좀 어색하기는 해도 나와 사귀려면 남자친구가 꼭 거쳐야 할 일이다." _엘라, 16세

금해하는 것은 당연한 거고, 부모님은 남자친구가 여러분을 데리고 데이트하러 가기 전에 남자친구가 어떤 애인지 알고 싶을 테니까. 남자친구에게 어떤 질문도 해서는 안 된다고 말한다면, 기본적으로 부모님에게 거짓말탐지기 테스트를 허용해 주는 셈이고 전면적인 수사권을 넘겨주는 것과 마찬가지다. 그 대신 여러분이 질의 응답 시간을 주도적으로 이끌어 가라.

남자친구가 오면 아주 잠깐 부모님을 만나 뵙고 가면 좋겠다고 말해라. (부모님 눈에 안 띄게 "어쩔 수 없어." 하는 표정을 지어 보이는 것도 괜찮다.) 그런 다음 "엄마, 얘가 벤이야. 얘는 배구 팀에 있어." 하는 식으로 소개해라. 그럼 엄마는 남자친구에게 배구에 대해 물어볼 수밖에 없다. 그게 예의 있는 행동이니까. 아빠한테도 똑같은 방법을 써 봐라. "아빠, 벤이랑 새로 나온 브래드 피트 영화를 보러 갈 거야. 아빠도 지난번 영화 좋아하지 않았어?" 그럼 자,

봐라! 아빠는 브래드 피트에 관해 얘기를 시작할 거다. 그런 다음
또 다른 질문이 나오기 전에 자리를 떠라!

2. 호들갑은 우리끼리 있을 때만

열일곱 살 밀리는 남자친구를 집에 데려오는 일이 가장 두려운
이유가 "엄마가 남자친구가 무지 귀엽다며 남자친구 앞에서 호들
갑을 떨까 봐."라고 말한다. 물론 남자친구가 완전 킹카이긴 하다.

그렇지만 부모님이 남자친구의 사진을 찍으려고 하거나 둘이 아주 귀여운 한 쌍이라고 말하면 얼마나 당황스러울까. 이건 그냥 데이트일 뿐이라고요! 사진을 찍는 것도 안 되고, 지나친 칭찬은 최소한 다섯 번째 데이트까지는 남자친구한테서 3미터는 떨어졌을 때 하라는 기본 원칙을 세워 둬라. 그때쯤이면 남자친구가 여러분의 부모님이 조금 괴짜라는 것을 알고도 재미있는 분들이라고 생각할 것이다. 그렇지 않다면 여러분과 어울리지 않는 남자친구일지 모른다. 어쨌든 남자친구와 헤어질 수는 있어도 부모님과 헤어질 수는 없으니까.

3. 원맨쇼는 재미없다

남자들이 가끔 불안할 때 농담하는 거 아는지? 그런데, 부모들도 그렇다. 방식이 조금 다를 뿐이다. 부모님은 자기 자신 때문에 불안한 것이 아니라 어린 딸이 낯선 놈이랑 캄캄한 밤에 나가는 것이 불안한 거다. (적어도 부모님의 눈에는 그렇게 보인다.)

그래서 가끔 부모님이 긴장을 풀려고, 그리고 여러분이 남자친구에게 너무 빠지는 것을 막으려고 남자친구를 놀리는 말을 할 것이다. 남자친구를 놀리는 것만으로도 충분히 나쁜 일인데, 어떤 부모들은 바로 남자친구 앞에서 대놓고 그런다. 무례하게 굴려는 게 아니라 그냥 웃자고 하는 말이다. 그러니 부모님에게 남자친구가 오면 절대 농담은 하지 말라고 미리 분명하게 말해라. 안 그러면 알아서 하시라고.

홈경기의 이점

데이트하러 가기 전에 부모님에게 남자친구를 소개하는 일도 큰 일이지만, 남자친구를 집에 초대해 부모님과 함께 식사를 하거나 부모님과 함께 나들이를 하는 건 또 다른 문제다. 그래도 물론 꼭 거쳐야 할 일이다. 그렇지만 언제 남자친구를 집에 데려와 가족과 인사를 시켜야 할까? 언제면 너무 빠른 걸까?

남자친구와 부모님이 만나는 일이 여러분을 그렇게 안절부절못 하게 만드는 한 가지 이유는 남자친구가 혼자 여러 사람을(한 팀을) 상대해야 하기 때문이다. 부모님은 장소도 익숙하고 규칙도 잘 안다. 본질적으로, 부모님의 홈경기니까. 그러니 남자친구가 결승전 에라도 오를 희망을 품으려면 정말 좋은 경기를 펼쳐야 한다. 여러

여자들 이야기

부모라는 난국

"가끔은 아빠가 처음 본 남자친구의 트집만 잡고 남자친구에게 아예 기회를 주지 않는 것 같은 느낌이 든다." _베카, 15세

"우리 아빠는 내가 좋아하는 남자를 놀리기를 좋아하신다. 누구든 지. 예를 들어, '저렇게 코가 큰 애는 처음 보는구나. 꼭 새부리 같다. 〈머펫Muppets〉에 나오는 독수리 샘 같아.'라고 놀리는 거다. 하나도 안 웃기다고요, 아빠." _트리시아, 16세

분이 경기 전 코치를 통해 (너무 티 나지 않게) 남자친구가 장외 홈런을 칠 수 있게 조금 도와줄 수 있다.

코칭 I.

좋은 경기를 펼치는 데 필요한 모든 정보를 줘라. 예를 들어, 가족 저녁 모임에 남자친구를 초대했다면 그 자리에 누가 오는지 미리 알려 줘서 남자친구가 머릿속으로 저녁 식사하는 모습을 그려 볼 수 있게 해라. 더 나아가 몇 가지 대화 주제도 생각해 낼 수 있게 말이다. 남자친구가 이미 충분히 긴장하고 있을 테니 괜히 갑작스러운 일을 겪게 만들지 마라.

코칭 2.

가능하다면, 사전에 소개 시간을 가져서 공평한 경쟁의 장을 만들어라. 현관에서 남자친구와 부모님이 마주친 순간의 어색함을 기억하는가? 제대로 사귀게 되면 그런 순간이 쓸모가 있다. 정식으로 부모님을 만나기 전에 남자친구가 이미 여러분의 부모님을 봤다면 적어도 여러분의 부모님이 어떤 사람인지, 어떤 반응을 보일지 예상해 볼 수 있다.

코칭 3.

첫 만남(첫 만남이 아니어도 마찬가지다.)에 남자친구가 마주치게 될 집안의 전통 같은 게 있다면 먼저 알려 줘라. 엄마가 휴일마다 별식을 요리한다면? 그럼 남자친구에게 미리 말해서 남자친구가 엄마의 요리 솜씨를 칭찬할 수 있게 해라. 안 그러면 여러분의 집에서는 이런 별식이 그냥 보통 음식이 아니라는 걸 남자친구가 어찌 알겠는가?

휴식 시간 코칭

부모님과 만나는 동안 (저녁 식사나 파티 같은 때), 남자친구에게 유리하게 화제를 던지거나 대화에 동참함으로써 남자친구를 도와 줘라. 모두 좋아하는 영화를 화제로 꺼내거나 "아빠, 애덤이 차고에서 아빠의 새 자전거를 보고 정말 멋지다고 말했어요." 같은 말을 하는 거다. 사람들이 행복해하는 주제를 얘기하게 만드는 건 늘 좋은 아이디어다. 대신 모두 좋아하는 걸로 해라. (이건 여러분이 남자친구의 부모님을 만날 때도 쓸 수 있는 방법이다!)

네게 맞는 남자친구가 아냐!

고전 드라마 〈자인펠트Seinfeld〉에서 수프 가게에 관한 에피소드가 있다. 누가 음식점에 들어와서 수프를 "잘못된" 방식으로 주문하자 주인이 이렇게 말한다. "당신에게 맞는 수프는 없소!" 가끔은 부모님도 마찬가지다. 부모님이 여러분의 남자친구가 마음에 들지 않으면 남자친구에게 아주 모질게 굴 수 있다. 그렇지만 "네게 맞는 남자친구가 아냐!"가 다 똑같은 뜻은 아니다.

부모님이 여러분의 남자친구를 인정하지 않는 이유는
주로 아래 네 가지 중 하나다.
1. 여러분이 남자친구를 사귀기에는
   너무 어리다고 생각한다
2. 남자친구가 여러분과 사귀기에는
   나이가 너무 많다고 생각한다
3. 문제가 남자친구한테 있는 게 아니라, 부모님이
   여러분이 일대일 데이트하는 것을 아직 원하지 않는다
4. 남자친구가 여러분에게 나쁜 영향을 끼친다고 생각한다

그렇지만 여러분은 이런 문제를 극복하고 부모님과 남자친구 사이에 공통점을 찾을 수 있다. 그 방법을 알려 주겠다.

1. 로맨틱 코미디에서 여주인공이 늘 나이는 문제가 안 된다고 말하는 거 아는지? 영화에서는 (아니면 여러분이 서른 살이라면) 그게 문제가 안 될지 모르지만 청소년한테는 나이가 중요한 문제 다. 운전할 줄 모르거나, 아니면 적어도 면허증 딸 나이가 아니라 면 데이트할 수 없다고 말하는 부모가 많다. 여러분이 이런 문제를 겪고 있다면 3번을 봐라.

여자들 이야기

남자친구를 비밀로 하기

"나는 남자친구가 생기면 절대 엄마에게 말하지 않는다. 나는 엄마가 깜짝 놀라 다시는 남자친구와 만나지 못하게 할까 봐 겁이 난다."

─졸린, 17세

2. 남자친구가 어린 여자를 밝힌다는 의심을 받는 게 문제라면 여러분이 할 수 있는 건 별로 없다. 내 말은 여러분이 갑자기 2년을 건너뛰어 남자친구와 같은 나이가 될 수는 없다는 것이다. (또한 여러분은 그러고 싶지도 않을 거다. 살아갈 날을 2년이나 빼앗기는걸!) 여러분이 할 수 있는 일은 부모님이 남자친구의 나이 말고 남자친구를 있는 그대로 볼 수 있는 기회를 주는 것이다. 남자친구를 집에 초대해서 여러분이 왜 그렇게 남자친구를 좋아하는지 부모님이 깨닫게 해 줘라. 만약 그게 효과가 없다면 여러분은 성인이 되거나 대학에 들어갈 때까지 남자친구와 그냥 친구로 지내야 할 거다. 아마 그때쯤 되면 여러분은 어차피 다른 사람을 좋아하게 될 거다.

3. 4장에서 집단 데이트에 관해 얘기한 거 기억하는지? 그게 바로 여러분에게 줄 답이다. 집단 데이트는 진짜 "데이트"는 아니면서 함께 시간을 보내는 방법이다. 어쨌든 좋아하는 남자와 함께 있

을 수 있고 즐거운 시간을 보낼 수 있다. 다만 주위에 다른 사람들이 더 있을 뿐이다. 함께 집단 데이트를 하는 이들이 여러분의 친구들이라면, 여러분과 부모님 모두 만족할 것이다.

4. 부모님이 남자친구가 여러분에게 나쁜 영향을 끼친다고 생각한다면, 특별한 걱정거리가 있는 게 틀림없다. 그러니 이 문제에 관해 얘기를 나누기 전에 부모님이 특별히 걱정하는 게 뭔지 알아내야 한다. 남자친구 때문에 시간을 너무 빼앗긴다고 생각하시는지? 남자친구가 여러분을 이용한다거나, 여러분이 아직 준비가 안 된 것을 강요한다고 생각하시는지? 우선 부모님이 걱정하시는 것이 무엇인지 알아낸 다음 괜한 걱정이라고 생각되면 그 이유를 말씀드려라. 솔직한 대화가 가장 도움이 될 순간이다. 구식이지만 가장 좋은 방법이다. (충고:모두 어른스럽게 행동할 수 있도록 집에서 나와 아이스크림을 먹으며 얘기하거나 레스토랑에서 저녁을 먹으면

경험자의 충고

"남자친구와 부모님이 사이좋게 지내는 것은 좋은 일이다. 그럼 모두 편해진다. 그렇지만 우리 부모님은 항상 심하게 과잉보호하는 분들이라서 부모님이 보기에는 어린 딸에게 어울릴 만한 남자가 단 한 명도 없었다. 나는 그게 불공평하다고 생각했기 때문에 남자친구에 대해서나 우리의 관계에 대해 아주 방어적이 되고는 한다."

_안나 마리, 20세

서 얘기를 나눠라. 고급 레스토랑에서 열을 낼 사람은 별로 없다. 게다가 그렇게 하면 얘기를 더 많이 나눌 수 있다.) 얘기해 보니 부모님의 말씀이 일리가 있다는 결론이 나면 너무 늦기 전에 위험을 피할 수 있게 된 것을 다행으로 생각해라.

역할 바꾸기 : 남자친구의 부모님을 만날 때

여러분의 부모님이 여러분 일에 얼마나 방어적인지 아는가? 그런데 남자친구의 부모님도 아마 마찬가지일 것이다. 그렇다고 남자친구의 부모님을 만나는 일이 고문이어야 한다는 뜻은 아니다. 그분들이 어떻게 여러분을 좋아하지 않을 수 있겠어? 남자친구의 부모님을 처음 만나기 전에 이 장에서 알려 준 충고들을 남자친구에게 모두 얘기해서 도움을 청해라. 남자친구의 부모님과 사이좋게 지내는 데 도움을 줄 또 다른 정보들을 몇 가지 알려 주겠다.

좋은 첫인상을 남겨라

남자친구가 부모님에게 여러분을 소개할 때, 악수하면서 만나 뵙게 되어 정말 기쁘다고 말해라. 첫인상은 정말 중요하다. 사람들의 머릿속에 각인되기 때문이다. 그렇지만 겁먹지는 마라. 그리고 좋은 인상을 주는 데는 미소만큼 효과적인 게 없다는 것을 기억해라. 그러니 그저 웃으면서 그 순간을 견뎌라!

도움을 줘라

집안일을 돕겠다는 말처럼 부모님에게 좋은 인상을 주는 것도 없다. 저녁 식사에 초대받았다면 식탁을 정리하고 설거지하는 것을 돕겠다고 말해 봐라. 몇 분밖에 걸리지 않는 일이지만 그 효과는 몇 년을 간다. 부모들은 책임감 있고 자기 몫은 자기가 하려는

여자애를 좋아한다.

정기적으로 부모님을 찾아뵈어라

남자친구와 많은 시간을 함께 보내고 싶다면 남자친구의 부모님과 친하게 지내 두는 게 도움이 된다. 그럼 남자친구가 여러분을 집에 바래다주느라고 통금을 어겼어도 그럴 만하다며 남자친구를 꾸짖지 않을 것이다. 남자친구의 부모님과 친하게 지내려면 가끔 남자친구의 부모님을 찾아가 함께 시간을 보내야 할 필요가 있다. 그렇다고 남자친구의 집에 가서 살라는 뜻은 아니다. 그저 잠깐 들르거나 가끔 놀아 드리기만 해도 효과가 있을 것이다.

스킨십을 삼가라

추레한 티셔츠를 입은 남자친구의 모습이 어찌나 귀여운지 남자친구에게 달려들고 싶어도 남자친구의 부모님 앞에서는 그러지 마라. 여러분의 부모님 앞에서 남자친구가 애정 표현을 하면 여러분의 부모님도 같은 기분일 것이다. (부모님은 그런 걸 좋아하지 않는다.) 그러니 남자친구의 부모님이 방에서 나갈 때까지는 "닭살스러운" 행동은 최대한 참아라.

'남자친구의 부모님을 만날 때' 부분을 봐라

첫인상은 정말 중요하다. 기억하지? 여러분이 남자친구의 부모님을 처음 만날 때 완벽해 보이고 싶은 이유가 그 때문이다. 그렇다고 남자친구의 부모님 마음에 들기 위해 지나친 낙천주의자가 되거나 레드 카펫 스타일로 쫙 빼입어야 하는 건 아니다. 그냥 여러분의 본모습을 보여 줘라. 그리고 패션에 대한 다음 네 가지 충고를 기억해라.

1. 가슴 노출은 피해라. 부모님을 만나는 자리다. 여러분의 몸매를 과시할 때가 아니다.

2. 발에 신경 써라. 신발을 벗어야 할 수도 있으니까 양말에 구멍이 났거나 양말을 신지 않아 발 냄새를 풍기는 일이 없도록 해라. 남자친구의 발에서도 냄새가 날지 모르지만 여기는 자기 집이 아닌가.

3. 자신만의 스타일을 포기하지 마라! 남자친구의 부모님에게 여러분을 선보이는 거니까 여러분의 진짜 모습을 보여 줘라. 호피 무늬 스웨터를 입든 뭘 입든 간에.

이보세요, 아저씨가 백마 탄 왕자님은 아니거든요

나는 고등학교 때 남자친구를 사귈 만큼 사귀어 봤다. 그런데 내가 아는 한 남자친구의 부모님이 나를 좋아하지 않았던 적이 딱 한 번 있었다. 그 아버지는 나를 정말 못마땅해했다. 내 생각에 내가 그분 아들 카터의 첫 여자친구였기 때문인 것 같다. 아니면 그저 불쌍한 늙은이여서 그랬든지.

카터와 몇 달 정도 사귀었는데 되도록 걔네 집에서는 만나지 않았다. 그러다가 학교 축제가 다가왔다. 우리 학교에서는 축제 때 댄스파티 파트너를 여자가 선택하는 것이 전통이었고, 그래서 나는 카터로 정했다. 나는 어깨가 파인 아주 멋진 검은색 디자이너 드레스를 입고, 하늘을 찌를 듯 높은 검은색 하이힐을 신고, 팔꿈치까지 오는 장갑을 꼈다. 내 모습은 정말 섹시했다! 카터의 눈에도 내 모습이 거부할 수 없을 만큼 유혹적으로 보였을 것이다!

나는 친구와 친구의 파트너를 차에서 기다리게 하고는 카터의 집 앞에 잠깐 내렸다. 문을 딱 한 번 두드리자마자 문이 벌컥 열리더니, 카터의 아버지가 나왔다. 완전히 악마 그 자체였다.

카터의 아버지는 여전히 문손잡이를 잡은 채, "음, 마녀 크루엘라가 왔네."라고 말했다. 나는 할 말을 잃었다. 지금 이 아저씨가 정말 그렇게 말한 건가?

맞다. 카터의 아버지는 내 얼굴에 대고 마녀 크루엘라라고 불렀다. 〈101마리의 달마시안〉에서 코트를 만들겠다고 강아지들을 죽이려던 그 마녀 말이다. 카터는 바로 아버지 뒤에 서 있었다.

그 순간 나는 너무 충격을 받아서 눈물이 날 것만 같았다. 뒤돌아 생각해 보면 카터가 불쌍하다. 그런 얼간이 같은 아버지를 뒀으니 결코 멋진 여자를 만나지 못할 것이다. (내가 아는 한 카터는 아직 그런 여자를 못 만났다.) 여러분은 내가 그 후로 다시는 카터를 만나지 않았다는 걸 믿어도 좋다. 카터는 멋진 애이기는 했지만 내가 자기 아버지에게 그렇게 당하는데도 아버지에게 한마디도 하지 못했다. 카터가 졸업 파티에서 나를 뭐라고 불렀을지 상상이 간다.

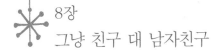

8장
그냥 친구 대 남자친구

    고등학교 3학년 때 무척 좋아했던 남자애가 있었다. 아니 적어도 좋아한다고 생각했던 애가 있었다. 그런데 그 애가 내게 졸업 파티 파트너가 되어 달라고 했을 때, 내가 그 애를 남자로서 좋아하는 건 아니라는 사실을 깨달았다. 그 애가 졸업 파티 파트너가 되어 달라고 말하기 전에 그 사실을 깨달았더라면 우리는 여전히 친구로 지내고 있을지 모른다. 그렇지만 모든 남자가 거절을 잘 받아들이는 건 아니다. 그 애는 내가 자기를 좋아한다고 착각하게 만들었다고 나를 비난했다. 그리고 친하게 지내던 다른 남자애들도 내가 그 애를 갖고 놀았다며 나를 힘들게 했다.

    나는 결코 내가 그 애를 좋아한다고 착각하게 만들려던 게 아니었다. 그리고 그 애가 나를 좋아하게 만들려고 애쓰지도 않았다. 그렇지만 그 애와 함께 있으면 정말 즐거웠다. 그 애는 좋은 스터디 파트너였고 잠바 주스나 커피를 마시러 갈 때 함께 가자고 부르기 딱 좋은 친구였다. 그렇다고 졸업 파티 때 유치한 1980년대 노래에 맞춰 그 애의 목에 팔을 두르고 느끼한 춤을 추고 싶다는 뜻일까? 절대 아니다.

여러분이 데이트할 나이가 되면, 친구라는 단어가 새로운 뜻을 지니게 된다. 특히 그게 남자일 때. 그렇지만 함께 모래 놀이를 하던 시절보다 남녀 관계가 복잡해졌다고 해서 남자와 여자가 더는 사이좋게 지낼 수 없다는 뜻은 아니다.

그냥 친구

"그 애는 그냥 친구야."

모두 한 번쯤은 이런 말을 들어 봤을 거다. 그렇지만 모든 우정에는 양면이 있다. 그 애도 여러분을 그냥 친구라고 생각할까, 아니면 더 많은 걸 바랄까? 여러분이 좋아하는 플라토닉한 친구가 사실은 여러분한테 그 이상을 원한다는 걸 어떻게 알 수 있을까?

다시 책을 앞으로 넘겨 작업의 기술 부분을 찬찬히 살펴봐라. 그런 다음 자신에게 물어봐라. 그 애가 갑자기 여러분에게 스킨십을 더 많이 한다든가 여러분과 함께 시간을 보낼 구실들을 만들어 내는지? 그런 것들이 바로 중요한 신호다. 그리고 그 애가 작업을 거는 것 같으면 거기에는 이유가 있다. 대부분의 남자들은 관심이 없는 여자에게 특별한 노력을 쏟지 않는다. 여러분이 정말 아주 훌륭한 친구라 해도!

친하게 지내는 남자애가 여러분을 좋아하는 것 같은데 여러분 그 애가……

1. 여러분과 함께 있을 구실을 만든다.
2. 농담처럼 자기를 "남자친구"라고 부른다.
3. 다른 남자 친구들을 질투한다.

그렇다면 그 애는 여러분을 좋아하는 거다.

은 똑같은 감정이 아닐 때, 우정을 지키려면 빨리 행동을 취해야 한다.

상황1. 그 애가 사귀자고 직접 말로 표현한 적은 없다

남자가 자기감정을 말하지 않아서 좋은 유일한 경우라고 할 수 있다. 노골적으로 거절하는 표현을 하지 않고도 친구에게 암시를 줄 수 있다는 뜻이다. 그렇게 암시를 주는 몇 가지 방법을 알려 주겠다.

첫째, 여러분이 그 애를 친구로서 얼마나 소중하게 생각하는지 밝혀라. 여러분은 그 애를 남자로 생각하지는 않지만 친구로서의 우정을 저버리는 일은 절대 없으리라는 것을 그 애가 알아주기를 바라리라. 이것을 말로 분명하게 전달할 수 있는 한 가지 좋은 방법은, "넌 내게 형제 같아."라고 말하는 거다. 그럼 그 애도 알아들을 것이다. 자기 형제랑 데이트하는 걸 원하는 여자는 없으니까.

그래도 그 애가 계속 암시를 보내면 그 애에게 다른 여자애를

남자에게 동성 친구 같은 여자가 되는 것의 특전

〈자인펠트〉에 나오는 일레인을 아는가? 그렇다, 일레인은 오래전에 제리와 데이트도 했지만 일레인은 원래 제리의 동성 친구들과 다름없는 존재였다. 일레인도 그게 좋았다. 남자들 사이에서 동성 친구 같은 여자가 되는 것은 그중 한 명을 남자친구로 삼는 것보다 훨씬 더 좋을 수 있다! 연애 관계에서 생기는 자잘한 문제들 때문에 걱정할 필요도 없고, 이별 때문에 친구를 잃는 일도 없다. 그대로도 충분히 즐거운 데다, 우정이 사랑보다 오래가리라 믿을 수 있으니까. 고등학교 남학생들의 연애가 고작 1개월밖에 못 간다는 건 유명하다.

소개시켜 줘라. 그 애가 여러분에게 관심을 끄게 만들 좋은 방법은 다른 여자애에게 관심을 갖게 만드는 것이다.

상황2. 그 애가 사랑한다고 고백했다

이것은 어려운 상황이다. 그 애의 감정을 사실로 받아들이면서 그 애를 낙담시켜야 하니까.

그 애의 장점들을 열거해 봐라. 예를 들어, 너는 정말 이야기를 잘 들어 주는 애야, 너는 좋은 조깅 파트너야, 하고 말해 봐라. 그리고 바로 그렇기 때문에 둘의 우정을 망치고 싶지 않다고 말해라. 그뿐 아니라, 그 애를 정말 가장 좋은 친구로 생각하지만 다른 식으로는 전혀 상상도 못 해 봤다고 말해라. 친구가 진심을 솔직하게 꺼내 보였다는 것을 명심해라. 그것을 존중하는 최고의 방법은 아무리 어색해도 얼굴을 맞대고 얘기하는 것이다.

그런 다음, 친구에게 시간을 줄 필요가 있다. 성격에 따라 친구가 상처받은 것처럼 행동할 수도 있고 화를 낼 수도 있다. 어느 쪽이든 친구는 여러분의 거절을 받아들일 시간이 필요할 것이다. 친구에게 다음 날 전화해도 되는지 물어봐라. 아니면 금요일 저녁에 시간 있는데 같이 놀자고 말해 봐라. 그렇지만 결정은 친구에게 맡겨라. 결국 부러진 건 친구의 마음이니까.

참, 우정을 생각해서 (그리고 친구도 감정이 있는 사람이라는 사실을 존중해서) 그 친구가 좋아한다고 고백했다고 학교 전체에 떠벌리고 다니지 마라. 그 불쌍한 소년을 당혹스럽게 만들고 싶지 않겠지!

남자라면 대부분 결국 극복할 것이고 다시 친구로 지낼 수 있을 것이다. 그 애가 비열하게 나오거나 지나치게 화를 낸다면 둘이 더 가까워지기 전에 그 애의 본성을 알게 된 것을 다행으로 여겨라. 여러분의 인생을 비참하게 만들 친구는 필요 없으니까.

여자들 이야기

친구가 최고의 남자친구다

"내 남자친구는 나랑 사귀기 전에 2년 동안 가장 좋은 친구였다. 서로 알아 가는 단계의 어색함이 없어서 좋다." _조이, 16세

바로 너의 뒤에 있을게

물론 "그 애는 그냥 친구야."라고 말하는 상황이 바뀔 수도 있다. 가끔 완전 쿨한 애라고 생각하는 남자애랑 어울리다 보면 그 애가 정말 좋아지기 시작할 수도 있다. 안 될 것도 없잖아? 서로 공통점도 많을 것이다. 같은 음악을 좋아한다든지, 같은 영화를 좋아한다든지. 그렇지만 그런 어중간한 단계에서 갈피를 잡기 힘들 수도 있다. 정말 내가 그 애를 좋아하는 걸까, 아니면 좋아한다는 감정을 즐기는 걸까?

만약 실험 파트너가 금요일 저녁에 함께 영화를 보러 가고 싶어 할지 궁금하다면, 여러분은 지금 그냥 친구 대 남자친구의 갈림길에 서 있는 것이다. 여러분의 진심을 알고 싶다면 아래 문제를 풀어 봐라.

그냥 친구 대 남자친구 테스트

어떤 남자애에 대한 여러분의 감정에 확신이 없다면, 사랑인지 우정인지 알아보기 위해 아래 비교표를 확인해라.

상황	그냥 친구	남자친구
보통 둘의 대화 주제는 ……	그냥 아무거나 떠오르는 대로 끝없이 얘기를 나누지만 그 애와 무슨 얘기를 나누었는지 제대로 기억하지 못한다.	뜻밖의 공통점이 있다. 예를 들어 둘 다 존 레논이 오노 요코와 사귀기 전에 비틀스를 무척 좋아했다든가, 언젠가 갈라파고스 섬에 꼭 가 보고 싶다든가 하는.
학교 댄스파티에서 마주쳤는데 둘 다 다른 파트너와 함께 있다. 뭐라고 생각할까.	그 애가 즐거운 시간을 보내서 매우 기쁘다!	턱시도를 입은 그 애 모습이 정말 멋지다. 내가 그 애 파트너였다면 우리 둘이 얼마나 잘 어울릴까.
그 애가 다른 여자애 얘기를 하면……	두 사람이 사귀는 모습을 그려 보고 어떻게 하면 그 여자애와 데이트할 수 있는지 충고해 준다.	가슴을 한 대 맞은 느낌이다.
같은 학교에 다니는 여자애가 둘이 사귀냐고 물어 온다. 그 애에게 관심 있는데 둘 사이에 괜히 끼어들고 싶지는 않다면서. 뭐라고 말할까……	절대 사귀는 거 아니다. 그 애에게 고백해 봐라. (정말 진심이다.)	그 애가 네 타입인지 잘 모르겠다.

더 원해Gimmi more

친구로 지내던 남자애와 그 이상의 관계를 원한다는 결론을 내렸다. 이제 우정과 여러분의 감정을 거는 모험을 하면서까지 다음 단계로 넘어가고 싶은지 결정해야 할 때다.

그 애에게 속마음을 고백하는 것은 정말 떨리는 일일 수 있다. 그 애가 먼저 여러분에게 푹 빠졌다고 말한 게 아니기 때문에 그 애가 여러분의 고백을 어떻게 생각하는지 진심을 알기 어렵다.

남은 평생 동안 그냥 친구로 남기를 원하는가, 아니면 둘이 연인이 될 가능성이 있는지 알아보고 싶은가. 모험하지 않으면 아무것도 얻을 수 없다. 게다가 그 애에게 불쑥 "너를 사랑해."라고 말하라는 게 아니다. 천천히 해라.

둘만의 활동을 제안하는 것으로 시작해라. 정식 데이트가 아니라 그냥 함께 어울려 노는 것처럼 해라. 예를 들어, 둘 다 좋아하는 오락 프로그램이나 오스카상 시상식을 함께 보는 것이다. 여러분의 제안에 그 애가 좋다고 하면 잘 풀리고 있는 것이다. 그리고 여러분이 다른 남자애들이랑 있을 때 그 애가 어떤 반응을 보이는지 주의 깊게 살펴라. 그 애가 다른 여자애에게 관심을 보이는지도 잘 살펴라. 여러 사람이 함께 있을 때 그 애를 지켜보면 많은 것을 알 수 있다.

여러분이 그 애와 평소보다 더 많은 시간을 함께 보내고, 친구 이상의 관심을 가지기 시작하면 (예를 들어 헤어질 때 껴안으며 인사한다든가, 좀 더 자주 전화한다든가 등등) 두 사람의 미래에 가능성이 있는지 차차 알게 될 것이다. 그 애가 여러분의 관심에 화답하면 정식 데이트를 제안하거나 그 애를 친구 이상으로 좋아하는 것 같다고 고백해라. 반대로 여러분의 감정이 일방통행으로 보이면 그만 정리하면 된다. (물론, 마음을 정리하기 힘들겠지만 세상에는 멋진 남자들이 많다. 남자가 그 애만 있는 건 아니다.)

여자들 이야기

친구랑 데이트? 웩!

"나는 친구로 지내던 남자애와 절대로 데이트하지 않는다. 그 애가 다른 여자애랑 사귈 때 얼마나 바보 같았는지 다 봤는데 전혀 그럴 마음이 나지 않는다. 다른 여자애들이나 사귀라고 해라." _브리, 17세

"그냥 친구 대 남자친구" 상황을 잘 해결하는 열쇠는 자기 페이스대로 움직이는 것이다. 누가 알아? 여러분이 시작도 하기 전에 그 애가 먼저 작업을 걸 수도 있고, 그 사이에 여러분이 그 친구의 절친과 사랑에 빠질 수도 있다. 어느 쪽이든 여러분의 경험은 미래에 남자를 사귈 때 도움이 될 것이다.

감정의 불꽃을 피울 수 있는 재미있고 위험 부담이 없는 활동 네 가지

1. 스케이트를 타러 간다. 여름에도 문을 여는 스케이트장이 많다. (추운 날 차가운 아이스링크에서 노는 것보다 더 재미있을 수 있다.) 여러분이 제2의 김연아가 아니라고 해서 걱정하지 마라. 올림픽 금메달도 트리플 악셀도 필요 없다. 사실, 넘어지지 않으려고 그 애의 팔에 매달리는 것도 (그 반대도 마찬가지) 친밀한 스킨십의 좋은 방법이다.

2. 비디오 게임방을 알아봐라. 오래된 것도 충분히 멋지다. 팩맨과 크레이지 택시는 그 애와 즐거운 시간을 보내게 해 줄 최고의 게임들이다.

3. 야구 연습장에 가라. 남자애들은 대부분 활동적인 것을 좋아하니까 좋은 데이트 장소가 될 것이다. 팀이 필요한 게임도 아니다. 게다가, 여러분이 야구공을 쳐 내는 모습에 그 애는 강한 인상을 받을 것이다! 그런 여자를 거부할 수 있는 남자가 어디 있겠는가?!

4. 영화를 찍어라. 꼭 장편영화여야 재미있는 건 아니다. 부모님에게 비디오카메라를 빌리거나 웹캠을 이용해서 둘이 함께 하루를 어떻게 보냈는지 다큐멘터리로 찍어 봐라! 멋진 장면을 찾아 시내로 나가라. 가장 멋진 건, 그 애가 집에 가고 난 후에 둘이 만든 영화를 혼자 다시 보면서 여러분의 가슴이 콩닥콩닥 뛰는지 살펴보는 것이다. 이것도 또 다른 그냥 친구 대 남자친구 테스트가 될 수 있다.

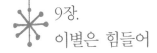

9장.
이별은 힘들어

　라디오에서 흘러나오는 많은 노래들이 이별에 관한 노래들이라는 거 생각해 봤는가? 불행하게도 이별은 누구나 흔히 겪는 일이고, 여러분도 인생에서 한 번 이상 겪게 될 문제다. 남자친구와 결혼하는 것으로 끝나지 않는 한 (충고:아직은 그러지 마라!) 언젠가 지금의 남자친구와 헤어질 가능성이 더 많다. 그렇다고 사랑 자체를 포기해야 할까? 절대 아니지! 이별의 아픔도 연애의 일부분이지만, 그렇다고 이 남자가 언젠가는 나와 헤어질 거라는 (아니면 그 반대이거나) 이유만으로 "네 생각을 하고 있어."같은 귀여운 문자나 짜릿한 스킨십을 포기해서는 안 된다.

　여러분이 무슨 생각을 하는지 알고 있다. 연애의 멋진 부분이 사랑이 끝났을 때의 고통을 줄여 주지는 않는다고 생각하겠지. 완전 옳은 말이다. 그렇지만 이별의 슬픔을 이겨 낼 방법들은 얼마든지 있다.

남자는 나빠

그 애를 사랑했다. 그런데 그 얼간이가 이제 막 졸업하고 올라온 신입생 때문에 여러분을 차 버린 거다. 맨 처음 무슨 생각이 들까? 물론, 복수다. 그 애가 거기를 걷어차일 만한 짓을 하기는 했지만, 그래도 그럴 수는 없다. 여러분도 진심으로 그러기를 원하지는 않을 것이다. 지금의 감정이 영원하지도 않을 거고, 충동에 못 이겨 저지른 미친 짓이 또 다른 만남에 영향을 끼치는 것을 원하지도 않을 테니까.

중요한 문제는 강렬한 복수심 뒤에 슬픔이 따른다는 것이다. 누구를 좋아하다가 그것이 일방통행으로 끝나면 "사랑은 아프다."라는 말이 완전히 새롭게 느껴진다. 감정을 억누르려고 하지 마라.

헤어진 남자를 극복하는 데 도움이 되는 고전 다섯 곡
- 글로리아 게이너Gloria Gaynor의 〈I Will Survive〉. 케이크Cake 버전도 좋다. (여자들끼리의 밤 모임 때 이 노래를 불러 봐라. 그리고 여자들끼리의 밤 모임을 되도록 많이 하는 게 좋다.)
- 칼리 사이먼Carly Simon의 〈You're so vain〉. (나도 이 챕터를 쓰면서 이 노래를 수없이 들었다!)
- 앨라니스 모리셋Alanis Morissette의 〈You oughta know〉. (대표적으로 남자를 맹비난하는 노래.)
- 넬리 퍼타도Nelly Furtado의 〈I will make you cry〉.
- 크로스비, 스틸스, 내쉬 앤 영Crosby, Stills, Nash&Young의 〈Love the one you're with〉.

이별의 아픔이 전부는 아니야

헤어진 남자친구보다 여러분이 이별을 더 힘들어하는 것 같은가? 거기에는 그 럴 만한 이유가 있는지도 모른다. 인터넷 건강 정보 사이트 WebMD.com에 실린 십 대의 스트레스에 관한 기사에서, 컬럼비아의 사우스캐롤라이나 대학 심리학과 조교수로 있는 벤저민 L. 핸킨이 이런 말을 했다. "남학생과 여학생이 사랑 싸움을 하면, 평균적으로 여학생들이 더 우울해한다. 남학생은 주의를 딴 데로 돌린다." 아마 운동하거나 친구들과 어울려 놀겠지. 자기 자신을 잘 지켜 봐라. 우울함이 며칠 이상 지속되면 그건 정상이 아니다. 그때는 누군가와 이 야기를 해야 한다.

(그렇지만 감정을 폭발시키는 건 혼자 있을 때까지 참자. 온 세상 이 볼 만한 일은 아니니까.) 한두 번 실컷 울면 슬픔을 극복하는 데 도움이 될 것이다. 왜냐고? 값싼 위로처럼 들리겠지만, 자신의 감정을 스스로 인정하고 나면 앞으로 나갈 수 있기 때문이다. 그 리고 새 출발이 빠르면 빠를수록 좋다. 밖에 나가면 세상은 온통 남자들로 가득한걸!

거짓말하면 엉덩이에 뿔 난대요

이별 얘기를 하면서 이별의 가장 대표적인 이유를 따지지 않고 넘어갈 수는 없겠지. 그건 바로 바람피우는 거다. 엄마라면 모두 자기 아들이 작은 천사라고 믿고 싶겠지만, 여러분에게 "사랑해!"

라고 문자를 보내면서 다른 여자에게 수작을 거는 것이 뭐가 문제냐고 생각하는 남자애들이 있다.

그렇지만 바람둥이를 걷어차기 전에 바람피우는 것이 정확히 뭔지 둘이 꼭 합의를 봐라.

여자친구들

여러분의 남자친구에게는 당연히 친구들이 있을 것이다. 그리고 그중에는 여자애들도 있을 것이다. 물론 질투는 좀 나겠지만 남자친구가 다른 여자애랑 얘기한다고 꼭 바람피우는 것은 아니다. (여러분도 다른 남자애들이랑 얘기하잖아, 안 그래?) 그런데 남자친구가 여러분에게 일찍 잘 거라고 말하고는 밤새도록 다른 여자애랑 전화한다면? 그것은 선을 넘은 짓이고 당연히 둘이 어떤 사이인지 얘기를 나눠 볼 만한 일이다.

소셜 네트워크로 바람피우기

남자친구가 소셜 네트워크 연애 선수인지 어떻게 알 수 있을까? 그냥 남자친구의 소셜 네트워크 계정을 확인해 봐라. 친구로 등록되어 있는 사람 가운데 50퍼센트 이상이 여자인가? 그리고 그 친구들의 사진이 발가벗은 거나 다름없나? 여러분과 함께 있을 때 남자친구가 문자를 숨기는 것 같은가? 그렇다면 문제라고 할 만하다. 그렇지만 남자친구가 여러분의 이름을 친구 목록 맨 위에 올려 놓았다면, 그리고 남자친구의 친구들이 대부분은 여러분도 아는 사람들이고, 남자친구가 자기한테 여자친구가 있다는 것을 솔직하게 얘기하고 다닌다면, 전혀 걱정할 필요 없다.

키스

다른 여자애한테 키스한다면 그건 바람피우는 거다. 남자친구가 여러분과 키스하는 사이라면 다른 여자에게 키스하면 안 되는 거다. 그걸로 얘기 끝이다.

피해야 할 루저 4인방

(만약 이런 유형의 남자와 데이트하고 있다면 빨리 헤어져라!)

빈대

이런 남자친구는 카페에서 사이다를 마시든 자동차 기름을 넣든 여자에게 돈을 내달라고 한다. 이런 남자는 완전히 이기적인 것도 문제지만, 이런 남자와 데이트하면 돈이 정말 많이 들 수 있다.

두 얼굴의 괴물

남자친구가 여러분이랑 단둘이 있을 때랑 친구들과 같이 있을 때랑 다르게 행동한다면 바로 이런 유형의 남자다. 처음에는 그저 데이트하는 게 부끄러워서 그런가 보다고 생각할 수도 있지만 여러분처럼 쿨한 여자를 여자친구로 둔 것을 처음부터 자랑스러워하지 않는 남자는 조심해라!

젖먹이

이런 남자는 '함께 있는 것 자체가 테러'다. 이런 남자는 여러분의 도움 없이는 어떤 아이스크림을 먹을지조차 결정하지 못한다. 가끔은 이 남자가 여러분의 생명을 빨아먹고 사는 것 같은 느낌이 들 것이다. 너무 의존적인 이런 남자에게는 어른이 좀 되라고, 스스로 좀 생각하라고 말해 줘라!

질투의 화신

여러분이 다른 친구들과 함께 어울리는 거나 다른 남자와 얘기하는 것조차 질투한다면 그 남자는 통제 불능이다. 이렇게 집착이 심한 남자는 무서운 사람일 수 있을 뿐만 아니라 이런 남자는 여러분을 모든 사람으로부터 떼어 놓을 것이다. 여러분의 인생에 자기만 있는 것이 아니라는 사실을 받아들이지 못하는 남자라면 아예 여러분의 인생에 들어와서는 안 된다.

"남자가 나를 좋아하지 않으면 나는 그냥 정리할 거다. 그런 남자에게 내 시간을 낭비하지 않겠다." _어맨다 바인스, 배우

이별은 부드럽게

차이는 것도 물론 가슴 아프지만, 누군가를 차는 것도 똑같이 가슴 아플 수 있다. 비록 한 남자에게 매이는 것에 질렸고, 그의 재미없는 농담들이 지루하다거나, 아니면 다른 사람을 좋아하게 되었더라도 지금의 남자친구에게 상처를 주고 싶지는 않은 것이다. 그렇지만 다른 사람을 좋아하게 되었다고 죄책감을 느끼지는 마라. 여러분은 아직 어리고 지금은 여러 사람을 만나 보고 자신에게 맞는 사람을 찾아야 할 때다.

만약 지금의 남자친구를 정말 "좋아하는" 게 아니라는 결론이 났다면, 분명하되 부드럽게 낙담시켜라. 여러분이 차이면 어떤 기분일지 생각해 보고, 남자친구를 최대한 배려해라.

우리 얘기 좀 해: 철수 전략

사람의 감정이 개입되는 일들이 다 그렇듯, 관계를 끝내는 일은

남자도 상처받는다

고등학교 1~2학년 때는 그 어떤 여자친구에게도 공식적으로 이별을 통보하지 않았다. 좋아하는 마음이 식으면 그 애에게 더 이상 전화하지 않았다. (그래 비열한 짓이다, 나도 안다. 그때는 내가 어리석었다.) 그러다가 어떤 여자애와 데이트하기 시작했는데 난 그 애에게 완전히 푹 빠져 있었다. 그렇지만 이런저런 이유로 그 애의 친구들은 내가 그 애에게 맞지 않다고 생각했고, 그래서 결국 그 애는 나와 헤어졌다. 며칠 동안 나는 완전히 멍한 상태로 지냈다. 그 어떤 것에도 집중할 수 없었고, 아무것도 느낄 수 없었다. 끔찍했다. 남자는 이별에 영향을 받지 않는다고 말하는 사람은 다 거짓말쟁이다. 난 몇 주 동안 걸어 다니는 좀비처럼 지냈다.

정말 지저분할 수 있다. 어떻게 하면 최대한 유쾌하게 끝낼 수 있을까?

무엇보다 장거리 연애가 아니라면, 직접 얼굴을 보고 얘기하든 전화로 하든 제대로 대화를 나눠야 한다. 물론 얼굴을 맞대고 하는 것이 가장 좋은 방법이다. 이메일이나, 채팅이나, 문자로 이별하지 마라. AOL과 AP통신 설문 조사에 따르면 십 대의 13퍼센트가 채팅을 통해 이별한다고 한다. 정말일까? 정말 겁쟁이 같은 짓인 건 말할 것도 없고, 어린애 같은 짓이다. 용기를 내어 자기감정을 말로 표현하는 것은 상대방을 진심으로 배려한다는 것을 보여주는 행동이고, 어른스러워졌다는 뜻이다.

게다가, 이메일이나 문자를 받고 오해했던 순간들을 생각해 봐라. 아니면 그저, "우리 더 이상 만나면 안 될 것 같아."라는 말을 남자친구가 컴퓨터 화면으로 읽을 때 어떤 기분일지 상상해 봐라.

배우 앰버 탬블린Amber Tamblyn은 이메일로 이별을 통보받았다. 그녀는 무슨 생각이 들었을까? 그녀는 《틴 피플Teen People》지에 이렇게 말했다. "완전히 저질에다가, 변변찮은 짓이라고 생각해요." 놀라운 일도 아니다. 여러분도 그런 이메일은 받고 싶지 않을 것이다. 안 그래?

이별할 때 기억해야 할 두 번째 사실은, 솔직하되 짧게 해야 한다는 것이다. 이제 너랑 데이트하고 싶지 않다고 솔직하게 말해야 한다. 그렇다고 남자친구의 친구를 좋아하게 되었다는 것을 남자친구가 군이 알 필요가 있을까? 그렇지 않다. 쓸데없이 남자친구에게

"한마디로, 왜 자기와 함께 있고 싶어 하지 않는 남자와 함께 있고 싶어 하는 거죠?"_켈리 클락슨, 가수

"내가 (전 남자친구와) 헤어진 이유는 다른 사람을 만나기 위해서가 아니다. 그 때문이 아니다. 나는 나 자신에 대해 배우고 내게 최선이 무엇인지 결정하기 위해 혼자 있을 필요가 있다고 느꼈다."

_힐러리 더프, 배우

1. 남자친구가 잘 자라는 인사를 하려고 전화했을 때 전화를 받으며 다른 생각을 한다.
2. 식료품점에서 만난 남자애에게 전화번호를 준다.
3. 친구가 졸업 앨범에 여러분이랑 남자친구를 가장 사랑스러운 커플로 올리겠다고 하자 정말 그렇게 하면 다시는 얘기하지 않겠다고 말한다.
4. 남자친구가 다른 여자애와 시시덕거리고 있는데도 질투심이 느껴지지 않는다. 그저 남자친구가 나에게, 아니 나에게만 미쳐 있지 않는 것에 웃음이 날 뿐이다.
5. 남자친구가 내가 좋아하는 밴드의 콘서트 티켓을 두 장 사 왔는데 남자친구랑 함께 가야 하나 생각이 든다.
6. 메신저에 남자친구가 로그인한 것을 보고도 남자친구가 여러분에게 메시지를 보내기 전에 그냥 로그아웃해 버린다.
7. 엄마에게 남자친구를 더 이상 남자친구라고 부르지 말라고 말한다.

상처만 줄 세세한 일은 혼자만 알고 있어라. 그리고 나중에 남자친구도 누군가와 헤어질 때 똑같이 하기를 바라도록 해라. 여러분이 '선행 나누기' 이별을 유행시킬지도 모른다. 모든 이별이 그렇게 좋게 끝나면 얼마나 좋을까!

마지막으로 가장 중요한 건데, 이별할 때 황금률을 기억해라. 남자친구에게 당하고 싶지 않은 것은 여러분도 남자친구에게 하지 말아야 한다. 남자들이 늘 이 원칙을 지키는 건 아니지만 그렇다고 여러분까지 이 원칙을 깨도 되는 건 아니다. 이별을 꼭 추잡하게 할 필요는 없다.

남자들의 솔직한 이야기
이별의 아픔을 겪어 본 킹카들의 충고

"학교에서 이별하지 마라. 모든 사람이 보는 앞에서 여자친구에게 차이고 싶은 남자는 없다."_알렉스, 17세

"헤어지자는 말을 하기 전에 정말 그러기를 원하는지 잘 따져 봐라. 나는 너를 다시 받아 주지 않을 거다."_아론, 17세

Maroon5 멤버 애덤 리바인의 생각은 다르다. "누군가와 헤어지고 나서 이렇게 깨달을 수도 있다. '오 세상에, 인생 최대의 실수를 저질렀어. 내가 무슨 생각을 한 거지?' 이런 일이 벌어진다면 두 사람이 관계를 회복하고 다시 만날 수도 있다고 생각한다. 그렇지만 '면죄부'는 단 한 번뿐이다. 만약 또 헤어진다면 그땐 정말 끝난 거고, 애초부터 안 될 일이었다는 것을 여러분도 알게 될 것이다."

"우리는 바보가 아니다. 그 애는 아마도 여자친구에게 얘기를 듣기 전에 이미 예감하고 있을 것이다. 그러니 빨리 끝내 버려라."_크리스토퍼, 18세

여러분이 찼든, 아니면 차였든

이별의 아픔을 치유하는 데는 영화만 한 게 없다. 그러니 절친을 부르고, 민트 초콜릿 칩 아이스크림을 사고, 적어도 최고의 이별 영화 고전 두 편을 준비해라.

1. 〈사랑도 리콜이 되나요High Fidelity〉

2. 〈이터널 선샤인〉

3. 〈금지된 사랑Say Anything…〉

4. 〈올 더 리얼 걸스〉

5. 〈작은 사랑의 기적Better off dead〉

6. 〈웨딩 싱어〉

7. 〈브레이크업-이별 후愛〉
   (이별 영화 목록에 이게 빠지면 안 되지!)

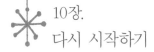

10장.
다시 시작하기

이런 속담이 있다. "첫술에 성공하지 못하더라도, 시도하고, 또 시도해라." 데이트도 마찬가지다. 처음부터 여러분이 꿈에 그리던 남자를 만나지 못하거나 연애가 잘 풀리지 않아도, 포기하지 마라. 또 시도해라. 데이트도 학습 경험이고, 헤어진 사람을 잊기 힘들어도, 일단 한번 해 보면 다음에는 더 잘 할 수 있다.

엑스 파일

여러분이 이별을 통보했든, 차였든 간에, 전 남자친구와 다시는 마주치고 싶지 않을 것이다. 그럼에도 불구하고 같은 도시에 살고 있거나 (그렇지 않다고 해도) 여러분의 친구들이 "왜, 그 절대 이름 말하면 안 되는 그 애"라고 부르는 남자와 언제 마주치게 될지 아무도 알 수 없는 일이다.

그렇지만 아무리 땅속으로 꺼지고 싶더라도, 많이 준비하고 자신감 있게 행동할수록 더 나은 대면을 할 수 있다. 적어도 여러분을 위해서 말이다. 한때 남자친구였던 백마 탄 왕자님을 보고 완전히 바보처럼 군 기분이 드는 것만큼 끔찍한 건 없다.

전 남자친구와 처음 맞닥뜨리면 충격이 크겠지만 심호흡을 하고 눈을 맞춰라. 전 남자친구가 먼저 봤을지도 모르니 (남자들은 여자를 볼 때면 매의 눈 같다.) 여러분이 눈길을 피하면 자신 없는 사람처럼 보일 수 있다. 그다음 어떻게 행동할지는 상황에 따라 다르다.

사람들이 많은 장소를 지나갈 때

짧게 손을 흔들면서 웃어 주는 것만으로 충분할 것이다. 군이 꼭 대화를 나눌 필요는 없다. 그렇지만 둘이 그야말로 정면충돌했다면, 적어도 "안녕?"이라는 말 정도는 해야 한다.

전 남자친구가 혼자 있거나 친구들과 함께 있을 때

가상의 충돌 시나리오 중 가장 간단한 경우다. 그렇다고 필요 이상으로 오래 끌고 싶다는 뜻은 아니지만. 상냥하게 "잘 지냈어?"라고 말하는 것으로 충분하다. 같이 있는 친구들이 여러분도 아는

새 출발

닉 라세이는 제시카 심슨과 공개 이별한 것을 극복하고 나서 이렇게 말했다. "인생의 앞 장에서 일어난 일이 다음 장에서 일어날 일을 좌지우지하게 하면 안 된다."

여자들 이야기

전 남자친구와 마주치는 공포

"헤어지고 처음 몇 달 동안, 나는 집을 나설 때마다 혹시 전 남자친구와 마주칠지 모른다는 생각에 늘 멋지게 보이려고 애썼다. 그러다가 전 남자친구가 다른 학교로 전학 가서 다시는 만날 일이 없을 거라고 생각하게 되었을 때, 식료품점에서 전 남자친구를 보게 되었다. 물론 나는 요가 팬츠와 헐렁한 운동복 차림이었다. 뭐 꼭 '네가 돌아왔으면 좋겠어.'라는 인상을 주고 싶었던 건 아니지만 어쨌든 나는 미소를 지으면서 잘 지내냐고 물었다. 그리고 잘 가라고 인사하고 다른 통로로 꺾었는데, 그 애가 나를 찾고 있는 것을 발견했다! 그때 오, 예! 하는 기분이었다."_마리, 17세

애들이라면 그들에게도 짧게 인사하는 것이 예의 바른 행동일 것이다.

전 남자친구가 다른 여자애와 함께 있을 때

그 여자애에게 자기소개를 하되 지금 너랑 함께 있는 남자와 데이트했던 여자라는 얘기는 하지 마라. 그 대신 적당한 농담으로 어색한 침묵을 깨라. (사람들에 관한 것이든, 날씨에 관한 것이든, 뭐든 간에) 그런 다음, 가 봐야겠다고 말해라. (그렇지만 아무리 빨리 사라지고 싶더라도 정말 달리면 안 된다!)

여러분이 다른 남자와 함께 있을 때

전 남자친구에게 이 섹시한 남자가 새 남자친구라는 말을 날려 주고 싶은 유혹이 일겠지만, 그냥 두 사람을 서로 소개시켜 주기만 하고 새 남자친구라는 얘기는 절대 하지 마라. (전 남자친구가 궁금해하게 만드는 게 더 낫다!) 그리고 전 남자친구에게 잘 지냈냐고 묻고는, 전 남자친구도 여러분의 안부를 물을 기회를 준 다음 자리를 떠라.

만남을 정리하고 싶을 때

그저 "잘 지내."라든가 "만나서 반가웠어." 같은 간단한 말이 대화를 끝내자는 것을 분명히 전달하는 멋진 방법이다. 그런 다음, 전 남자친구의 시야에서 벗어나면 혼자 씩 웃어라. 여러분은 멋지게 해냈고, 전 남자친구는 내가 얘랑 왜 헤어졌을까 싶은 마음이 들 것이다. 전 남자친구가 아직도 나를 원하게 만드는 것만큼 좋은 건 없다!

그렇지만 아직 전 남자친구를 잊지 못했다고 해서 영원히 그러리라는 법은 없다. 자신에게 좀 더 시간을 줘라. 〈섹스 앤 더 시티〉에서 샬럿이 했던 말 기억하는가? 이별을 극복하는 데는 그 사람과 사귀었던 시간의 두 배가 필요하다고 했던 말? 그저 하나의 이론일 뿐이지만(그러니 또 다른 이론을 알기 위해 계속 책을 읽어라.) 좋은 생각이다. 그러니 시간을 가져라! 친구들과 어울려 놀아라.

지난 6개월 동안 침대 탁자에 놓여 있던 책을 읽기 시작해라. 여러분의 블로그를 꾸며 봐라. 기분을 더 좋게 해 줄 일이면 무엇이든 해라. 그러다 보면 결국 다시 데이트의 세계로 돌아갈 마음이 생길 것이다. 그렇지만 너무 오랫동안 맥 빠져 지내지는 마라. 아주 멋진 남자친구였더라도 자기 자신을 잃어버릴 만큼 가치 있는 남자는 없다.

다시 게임을 시작하라는 것이
꼭 전 남자친구와 다시 사귀라는 뜻은 아니다

물론 재활용이 환경에는 좋지만, 남자 문제에서는 그 남자와 다시 관계를 맺기 전에 애초에 그 남자와 왜 헤어졌는지를 생각해 봐라. 다시 사귀는 것이 어쩌면 그저 똑같은 일의 반복을 낳을지도 모른다.

아직 전 남자친구를 잊지 못했다는 신호 여섯 가지

1. 전 남자친구가 혹시 메시지를 보냈나 싶어 끊임없이 이메일과 전화를 확인한다.
2. 라디오에서 "내 노래"가 나올 때마다 눈물이 난다.
3. 가끔 친구에게 전화하려고 전화기를 집어 들었는데 나도 모르게 전 남자친구의 전화번호를 누른다.
4. 전 남자친구가 좋아하는 야구 모자를 쓰고 찍은 사진을 버리지 못한다.
5. 친구들이 다른 남자를 소개해 주려고 애쓰지만, 만나는 남자마다 전 남자친구와 비교한다.
6. 낯선 사람이 다가와 남자친구가 있냐고 물으면 나도 모르게 있다고 말한다.

내 남편의 한마디
새 출발

여자친구와 헤어지면 곧바로 새 여자와 데이트하려는 친구들이 많았다. 여러분이 겪은 일이라면 화내지 마라. 그렇다고 남자들이 이별을 마음 아파하지 않는다는 뜻은 아니다. 단지 새로운 사람을 만나 슬픔을 잊고 싶은 것뿐이다. 많은 여자들과 달리, 남자들은 대부분 일단 관계가 끝나면 추억을 더듬고 싶어 하지 않는다. 이미 끝난 일을 가지고 왜 계속 골치를 앓는가? (이것도 여러분이 명심해야 할 점이다. 정말 원하는 게 아니면 남자친구에게 헤어지자고 말하지 마라. 남자들 대부분은 곧이곧대로 받아들인다.) 우리 남자들은 이별의 고통을 극복하기 위해 밖으로 나가 뭔가 하는 것을 좋아한다.

그를 잊는 데 얼마나 걸릴까?

다시 데이트를 시작하는 데 정말 얼마나 걸릴지 알고 싶다면 다음 방정
식을 풀어 봐라.

T = 전 남자친구와 보낸 시간. 월 단위.
　　예를 들어 1년이라면 12개월로 표시한다.

E = 이별이 어느 정도 예상했던 일이었는지를 1에서 3까지로 표시.
　　1 = "내가 헤어지자고 했다."
　　2 = "뭔가 잘못되었다는 것을 알고 있었다."
　　3 = "전 남자친구가 헤어지자고 했을 때 정말 뜻밖이었다."

L = 사랑했나, 좋아했나……
　　2 = "사랑했다."
　　3 = "좋아했다."

(T x E) / L = 전 남자친구를 잊는 데 걸릴 평균 시간(월 단위)

소년학 졸업 증명서

당신은 소년에 관한 심층 연구를 성공적으로 마쳤으므로

이 졸업장을 수여합니다.

축하합니다!

소년 전문가 세라 오리어리 버닝햄